U0676256

顾问：李学勤 罗哲文 俞伟超 曾宪通 彭卿云

文治盛世

李 默／主编

中华文明是人类历史上最伟大的文明之一，是人类文明发展的主要构成。中华文明丰富、深刻、辉煌、博大，在人类文明中的骨干作用和领导作用为人所共知。在人类文明的发源时期，中华文明就是四大古文明之一，是地球上文化的策源地之一。

廣東旅游出版社
GUANGDONG TRAVEL & TOURISM PRESS
悦读书·悦旅行·悦享人生

中国·广州

图书在版编目（CIP）数据

文治盛世 / 李默主编 . — 广州 : 广东旅游出版社,
2013.1（2024.8 重印）
ISBN 978-7-80766-433-8

Ⅰ . ①文… Ⅱ . ①李… Ⅲ . ①中国历史－宋代－通俗
读物 Ⅳ . ① K244.09

中国版本图书馆 CIP 数据核字 (2012) 第 268033 号

出 版 人：刘志松
总 策 划：李 默
责任编辑：张晶晶 黎 娜
装帧设计：盛世书香工作室 腾飞文化
责任校对：李瑞苑
责任技编：冼志良

文治盛世
WEN ZHI SHENG SHI

广东旅游出版社出版发行
（广东省广州市荔湾区沙面北街 71 号首、二层）
邮编：510130
电话：020-87347732（总编室）020-87348887（销售热线）
投稿邮箱：2026542779@qq.com
印刷：三河市嵩川印刷有限公司
　　　（河北省廊坊市三河市杨庄镇肖庄子村）
开本：650×920mm　16 开
字数：105 千字
印张：10
版次：2013 年 1 月第 1 版
印次：2024 年 8 月第 3 次印刷
定价：45.80 元

出版者识

　　《话说中华文明》是一部全景式图文并茂记录中国文明历史的大书。出版者穷数年之力，会集各方力量——专家、学者、编辑、学术顾问们，在浩如烟海的历史档案、资料、著作中，探珍问宝，追寻中华文明在悠悠历史长河中的灿烂之光。此书的出版，凝聚了编撰者的心血，学术顾问们的智慧。尤其是李学勤先生，亲自动笔写下了序言，更增加了本书沉甸甸的分量。

　　中华文明的历史充满了辉煌与苦难，成就和挫折。它的历史无处不在，决定着我们中国人今天的思想和感情。当今的中国和中国人是中华文明的历史造就的，是中华文明的历史的延伸，也是它的一个组成部分，中华文明的历史之河奔流到现在。

　　中华文明是人类历史上最伟大的文明之一，是人类文明发展的主要构成。中华文明丰富、深刻、辉煌、博大，在人类文明中的骨干作用和领导作用人所共知。在人类文明的发源时期，中国就是四大古国之一，是地球上文化的策源地之一。在人类文明的早期，中华文明成为文明在东方的支柱，公元前后200年间，人类的汉帝国与罗马帝国这两只铁手攫住了地球。在欧洲进入中世纪的时候，中华文明更成为人类文明最主要的领导，它的文明统治东亚，传遍世界。进入近代，中华文明处于自身的重压和西方的欺凌下，但中国人民的斗争史和奋起精神是人类文明历史中不可缺少的一页。

　　五千年的中华文明为人类贡献出了从思想家孔子到科学技术的四大发明、从唐诗宋词到长城运河的伟大创造，贡献出了从诸子百家到宋明理学，从商周铜器到明清文学的深刻内涵，也贡献出了从五霸七强到三国纷争、从文景之治到十大武功的辉煌历史。中华文明的历史绚烂多彩，在人类文明的历史长河中永放光芒。

　　中华文明也是人类历史上最独特的文明，没有哪一个文明像中华文明这样持久，这样统一一致。世界上其他文明不但互相交错，其创造者也都与高加索体质的人种有关，它们是姐妹文明。在人类历史中，只有中华文明才是独特的，它的创造者是中国土地上的中国人民，与其他任何地方的人民都没有关系，它的文化是统一一致的文化，可以不依赖于其他任何文明而生存，但中华文明也绝不是封闭的，它接受他人的文化，也承担自己对于人类的责任。

　　人类进入新世纪，中国的社会经济发展令世人瞩目。人们对于世界未来的政治和经济结构的估计无不以东亚和太平洋为中心，而尤以中国为重点。

　　经济起飞只是当代中国的一个方面，中国的精神文明的建设尤为刻不容缓。如果中国要自觉地发展中华文明，要有意识地使中国的发展具有世界意义，就必须发展强有力的精神文化，这样才能使中华文明的发展进入一个新的阶段，才能形成中国和中华文明的全面现代化。

而中国的精神文化的发展植根于中华文明的伟大传统之中。进入近代之后，在西方文化的冲击下，对于中国文化的价值产生大量的情绪化和激烈冲突的论调。"五四"运动打倒孔家店的口号具有冲破封建束缚的时代意义，对中国文化的发展有不容否认的正面意义，与文化虚无主义是完全不同的。文化虚无主义者否定中国传统文化，在现代化的旗帜下主张全盘西化；而复古主义则沉迷于中国文化的古董，走进反进步、反科学的泥潭。

历史的发展则超越了所有这些论点，产生这些论调的一百多年来的中国近代史已经结束。历史要求中国发展，要求中国走在全世界发展的前列。西化论和复古论都已过时，历史已经要求世界超越西方，中国可以承担起世界的命运，而中国的现实和世界的历史都说明，中国的使命在于它的发展前进，而非倒退。

中华文明走出迷惘的时代，我们这一代处在一个伟大而具有挑战的历史阶段。

总结历史、展望未来，这就是《话说中华文明》的意义和使命。我们创作《话说中华文明》，力求总结和回顾中华文明的全貌，在内容和形式上都开创一个新的局面。在内容结构上，既具有一定的深度，又具有相当的广博性，既有严谨、准确的学术价值，又有活泼、流畅的可读性。我们在本丛书内容纳了中华文明的各个方面，使它综合了大规模学术著作的系统性、严密性和普及读物的全面性、简易性，它既可作为大型工具书检索中华文明的各个成分，又可作为通俗的读物进行浏览。

我们从上世纪 90 年代初起就开始思考中华文明的历史和现实问题，并逐渐形成了编著《话说中华文明》的设想。在开展这项庞大的文化工程之始，我们就聘请了国内权威学者李学勤、罗哲文、俞伟超、曾宪通、彭卿云诸先生担任学术顾问，他们对计划作了充分讨论，并审阅了大量初稿。我们聘请了广州、香港地区的社会科学学者、大学教师、研究生以及我社编辑人员几十人担任稿件的撰写工作。

通过创作这部书，我们深深地感受到了中华文明的博大精深，也感受到了它的内在缺陷。中华文明具有辉煌的时期，也有苦难的年代，有它灿烂的成就，也有其不足的方面。中华文明在自身中能够吸取充分的经验和教训，就能够使自身健康壮大，成长发展。

通过创作这部书，我们也深深感受到了出版事业的使命和重任。我们希望这部书能受到广大读者的喜爱，起到它所应当起的作用。为中华文明的反省、前进和奋起作一点贡献。

目 录

宋朝

喇嘛教形成

公元 975 年前后，西藏佛教全面复兴，喇嘛教开始形成。

喇嘛教即是藏传佛教。自 7 世纪以来，佛教逐渐传播到西藏高原，并在社会上广泛流传和发展起来。佛教在流传过程中，不断和当地苯教发生冲突、碰撞，经过 200 多年的斗争，互相影响，交互吸收，走向融合。佛教从苯教中吸取了当地民众乐于接受的东西，逐步发展成为具有西藏特色的佛教，其影响逐渐超出西藏地区，这就是藏传佛教和西藏佛教，近世国内外学者一般称之为喇嘛教。

9 世纪中叶，赞普朗达玛（又译达磨）曾发动了大规模的灭佛活动，焚经捣佛，驱僧毁寺，西藏地区佛教几乎绝迹。此期在西藏佛教史上被称为"前

北宋建立的西藏萨迦南寺，类似一座城堡，是藏传佛教寺院的常用形式。

弘期"。

　　为了维护封建领主的统治地位，喇嘛教在发展中带有浓厚的政治色彩。永丹六世孙耶歇坚赞（又译意希坚赞），以桑耶寺为中心在山南地区建立了割据政权，他既自封"阿达"（领主），又是寺主，把持桑耶寺，形成一个政教合一的统治实体。耶歇坚赞听说丹底地方有佛教流传，便与后藏的一个小王，先后资助并派出以前藏鲁梅·粗墀喜饶（又译楚城喜饶）等10人和阿里地区的两个人，从公巴饶赛出家受戒，从其弟子学习律藏和经论。这些人约在975年前后，陆续回到后藏，在各地重建和新建了大批寺院和小庙，势力和影响越来越大。这是西藏佛教全面复兴的开始，佛教史所称的"后弘期"即指此。当时，另一个大力发展佛教的人是吐蕃王室的后裔耶歇沃（也译意希沃）。耶歇沃在后藏阿里地区的古路建立地方政权，他既是掌教的封建头人，又是虔诚的佛教僧人。他出家后，先派仁钦桑波（布）等人到克什米尔留学，研习佛教经典，并积极设法延请印度著名僧人来藏建立戒律传承，同时还仿照桑耶寺修建了托林寺。

　　通过耶歇坚赞和耶歇沃的大力弘扬，喇嘛教在西藏得到空前的发展，击败了其他各种教派，居于统治地位。

　　随着喇嘛教的发展，各地修建了许多寺庙建筑物，寺院成为西藏的文化中心，佛教的造型艺术成为西藏艺术的重要内容。

宋灭南唐·李煜去世

　　宋开宝八年（975）十一月，宋将曹彬攻破江宁，南唐后主李煜率臣僚出降，割据江南的南唐政权被攻灭。

　　宋平定南汉后，南唐后主李煜为维护其统治，主动改国号为"江南"，减损编制，对宋称臣。而暗中却招兵买马，积蓄势力，积极备战。宋太祖早有所察觉。开宝七年九月，宋太祖派曹彬等率兵赴荆南，准备伐南唐，因师出无名，命人招李煜入朝。李煜便称病不去。

　　宋以李煜拒命不朝为借口，发兵分路进攻南唐。南唐军队不战自溃，主将朱令斌慌忙间投火自尽。

李煜陷身孤城，又无援兵，只得再派徐铉、周惟简出使汴京，向宋求和。宋太祖在便殿召见了使者，徐铉道："李煜因病不朝，不是敢违抗圣旨，请罢兵以拯救一邦之命。"太祖道："朕已晓谕将帅，不得妄杀一人。"徐铉还要辩解，太祖大怒，拔剑道："休要多言！江南有什么大罪，但天下一家，卧榻之侧，岂容他人鼾睡！"徐铉慌忙退下。太祖又责问周惟简，周惟简道："臣本隐居山野，不愿奔波仕途，李煜硬逼臣来。"太祖遂厚赐二人，遣归江南。

宋军攻陷了江南诸州，唯剩江宁一座孤城，曹彬几次派人督促李煜出降，李煜为左右所惑，犹豫不决。后来大军攻入城中，曹彬将李煜及一批南唐重臣四十余人押回汴京。南唐政权结束。

太平兴国三年（978），做了三年阶下之囚的南唐后主李煜心怀故国，忧愤而死，年仅42岁。

科举制完善

开宝八年（975），中国科举制度形成了解试、省试、殿试一整套程序。

科举制作为中国封建社会长期选拔官吏的一种制度，始于隋唐，到宋初基本完善。宋太祖赵匡胤始行特奏名，首创殿试制度。

开宝三年（970）三月，赵匡胤诏令礼部贡院阅进士诸科，十五举以上曾经终场的多数人，赵匡胤都知道他们的名字。于是，赵匡胤特予推恩、赐司马浦等106人本科出身。特奏名的制度从此始行。所谓特奏名，就是那些解试合格而省试或殿试落第

宋人科举考试图

的举人，累积到一定的举数和年龄，不经省试，由礼部特别奏名，直接参加殿试，分别等第，并赐给出身或官衔的一种科举制度。因为是皇帝特别推恩，也叫做恩科。

开宝六年（973）三月，赵匡胤为了收揽文权，使读书人入仕感激皇恩，在讲武殿亲自复试举人，罢去一批，选出进士26人、诸科101人。从此，皇帝亲自复试的殿试制度成为一种基本制度。到了开宝八年（975），科举考试有了省试、殿试的分工，省试的第一名为省元，而殿试第一名则为状元。于是形成了一整套在解试、省试之后，由皇帝亲自殿试复试，再决定取舍等第的殿试制度。殿试又叫廷试、御试，一般在三月间举行，考试内容通常为诗、赋、论三题。殿试完后，由皇帝主持唱名仪式，中榜者都是"天子门生"。

特奏名、殿试的实行，标志着科举制度在宋初已基本完善。

宋太宗求贤

宋太宗赵光义继位后，为治国之计，招贤纳士，广泛寻访人才，收归己用。

科举是当时选拔人才的一条重要途径。宋太宗沿袭太祖文官之制，重用读书人，因为读书人作文官，没有兵权，便于管理，也不怕他们造反。宋太宗笼络读书人的方法主要是复试进士，令他们入仕之后感激皇恩。如太平兴国二年（977），宋太宗在讲武殿复试进士，选五百多人，在开宝寺赐宴，每人都授以官职。还有一例，太祖到西京，张齐贤献十策：下并汾，富民，封建，敦孝悌，举贤，太学，籍田，选良吏，惩奸，谨刑。回来后，就跟太宗说："我至西京，惟得一张齐贤，汝异时可用自辅。"后来张齐贤考进士，太宗打算把他放在高第，但有司却将他的名字放在几十个人之后。太宗很不高兴，将一百多名士子除名不用，"盖为张齐贤"。

文治盛世

《雪夜访赵普》，明刘俊画。表现赵匡胤雪夜私访宰相赵普的故事。

宋分路而治

太平兴国二年（977），宋太宗尽罢节镇统辖支郡，实施分路而治。

北宋初年，宋太祖鉴于唐末五代藩镇统辖诸州财赋，拥兵割据之祸，采取了多种措施，集权中央，巩固统治。

太祖时，设勾当某路计度转运使，只限于在路上管理军队粮饷，到班师时就停罢。后来又设置诸道转运司，专主财赋，征收当地赋税，再上缴中央。开宝九年（976）十一月，

宋代行政区划路制图

赵光义诏诸道转运司察举部内知州、通制，监临物务京朝官等。从此，转运司成为常设机构，其职权为主管本路的财赋和漕运，监督考察本路的官员等。其长官为转运使，下有属官。转运司因主管财赋和漕运，故俗称"漕司"。

太宗太平兴国二年（977），尽罢节镇统辖支郡。自此以后，边防、盗贼、刑讼、金谷、按廉等职权，都委于转运使。朝廷根据土地形势，分十五路而治，转运使司路遂成为北宋一代地方最高一级行政区域。太宗时期各路还不稳定，到了至道三年（997）才定下来，分为：京东、京西、河北、河东、陕西、淮南、江南、荆湖南、荆湖北、两浙、福建、西川、峡西、广南东、广南西十五路。

郭忠恕编《汗简》

977年，宋代文字学家、画家郭忠恕（?~977）逝世。

郭忠恕，字恕先，河南洛阳人。小时候聪明伶俐，7岁应童子科及第。后周时被召为宗正丞兼国子书学博士。960年，他因酒后在朝廷上与监察御史符昭文争论，御史弹劾，他竟叱责御史，撕碎奏文，被贬为乾州司户参军。作参军时，又因酒后伤人，擅离贬所，被发配灵武。他后来往返于陕西、河南之间，以画艺游食于公卿富贵家。宋太宗即位后，也召他去做官，后终因贪杯自误而丧命。郭忠恕善画山水，尤工界画，他的界画以准确、精细著称。传世作品为《雪霁江行图》。郭忠恕多才多艺，擅长篆、隶书，精通文字学。

郭忠恕对中国文字学的最大贡献，就是编成其专著《汗简》。北宋初年，郭忠恕着重于"六国文字"的搜集和整理，著成了第一部整理"六国文字"的专著——《汗简》。"六国文字"实际是战国时代秦以外东方各国使用的书写文字，这种文字主要书写于经传古籍的抄本。《汗简》此书名取典于古人所谓"杀青"，即用火烤竹，把水分蒸发掉，便于书写和保存，表明作者搜集的文字主要来源于古代简册。

《雪霁江行图》，郭忠恕画。

《汗简》所搜集的古文来源于《古文尚书》、《古周易》等71种古籍和石刻材料，所取字数不等，有的近五百，有的只一个。该书体例完全遵照《说文》，按540部排列文字，正文为摹写的古文形体，各种异体尽量列出，释文用楷写今体，不作隶古定，每个字都注明出处，详尽有致，便于查寻。

该书在当时受到极大重视，夏竦（985~1051）曾以它为基础，撰《古文四声韵》五卷，并在书中收录若干

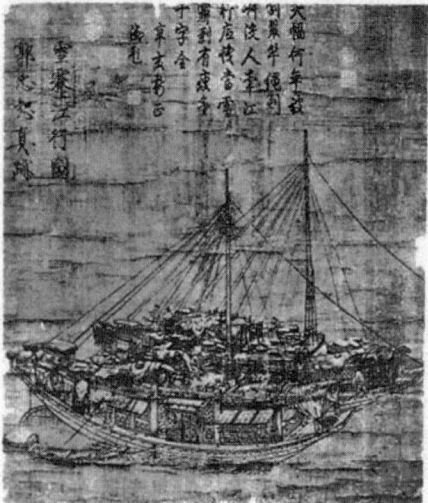

青铜器铭文，开宋代搜集研究金石文字的先河。但宋以后，许多学者就因所收字形无从核实，所收字体又较怪异，既与出土的青铜铭文不合，又有大批不能从《说文》中找到根据，以及不少改变《说文》所从部首，而另从郭氏自定部首等对《汗简》提出了怀疑、非议。《汗简》因此不被文字学界看重。

随着大量战国文字材料的出土面世，该书的价值日渐揭晓。现已成为识读战国文字的重要参考材料。

宋修四大部书

太平兴国二年（977），《太平御览》开始编纂，揭开了宋代修四大部书的序幕。

宋"四大部书"指的是宋初官纂的四大类书，即百科全书性质的类书《太平御览》、史学类书《册府元龟》、文学类书《文苑英华》和小类书《太平广记》。它们皆为北宋初期纂修而成。

《太平御览》由翰林学士李昉奉宋太宗命主纂，参加者有扈蒙、王克贞、宋白等13人。全书1000卷，分55部，5363类，共4784000字。该书的编纂始于宋太宗太平兴国二年（977）三月，完成于八年十月。

《太平御览》在充分运用皇家藏书的基础上，多用前代类书为蓝本，加以修订增删而成。所引用古今图书达1690余种，此外还引用各种体裁文章近千种。并且该书所引比较完整，多整篇整段抄录，并注明出处，因此比之前代类书更有价值。又由于该书所引的五代以前的文献、古籍等，十有八九今已失传，因此该书更具史料价值。

《册府元龟》由王钦若、杨亿、孙奭等奉

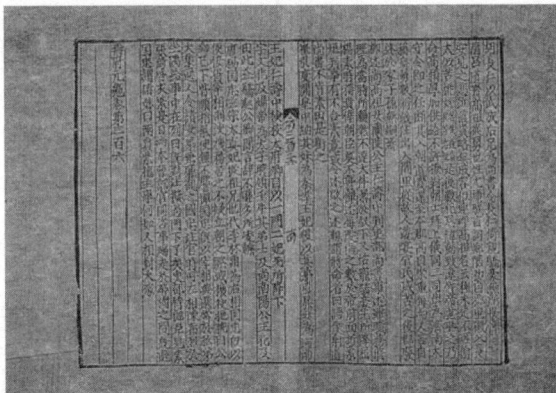

宋代雕版印刷文献《文苑英华》

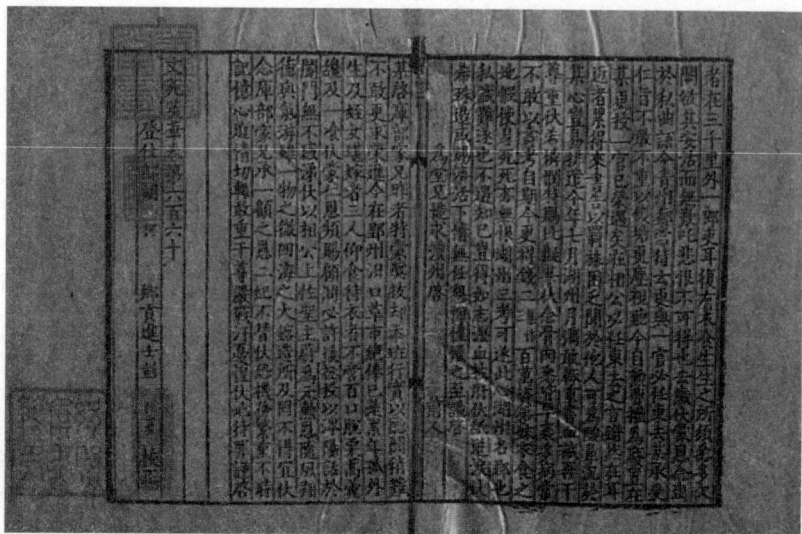

宋代《册府元龟》之一页

宋真宗命辑，参加者有 18 人。全书 1000 卷，分 31 部，1104 门。该书始辑于宋真宗景德二年（1005），成书于真宗大中祥符六年（1013）。

《册府元龟》汇辑上古至五代的史事记载，所采以史籍为主，间取经、子，不收说部。去取严谨，比其它类书犹胜一筹。由于该书征收繁富，也成为后世文人学士运用典故、引据考证的一部重要参考资料。所记之唐、五代史事为其精华所在，有不少史料为该书所仅见，因此极具史料价值，可补正史之不足。

《文苑英华》由李昉、徐铉、宋白、苏易简等 20 余人奉宋太宗命共同编纂。全书 1000 卷，分 39 类。该书始纂于宋太宗太平兴国七年（982），完成于宋太宗雍熙三年（986）。后，真宗时曾进行几次修订，孝宗时又命专人作校订，最后经周必大、胡柯、彭叔夏等复校，于宁宗嘉泰元年（1201）开始刻版，四年完工。

《文苑英华》上续《文选》，辑集南朝梁末至唐、五代共 2200 人的作品近二万篇，以唐为主。所辑作品按文体分赋、诗、歌行、杂文、中书制诰等 39 类。内容约 10% 是南北朝作品，90% 为唐人作品。由于所收作品多数依据当时流传不多的抄本诗文集，因此保存了不少有价值的文献资料。以后的《古诗记》、

《全唐诗》、《全唐文》等都曾取材于该书。另外，《文苑英华》中还收录了不少诏诰、书判、表疏等，可以用来考订史实，因此，该书又具有一定的史料价值。

《太平广记》由李昉、扈蒙、李穆等奉宋太宗命编纂。500卷，另有目录10卷，共92大类、150余小类。该书始纂于太宗太平兴国二年，次年完成，六年刻版印行。

《太平广记》采录汉代至宋初的小说、笔记、稗史及释、道两藏等，引书多达500余种，因其保存了今已失佚的大量古小说资料，因此对研究和校辑古代小说非常有用。宋元以来，不少小说、戏曲曾从中取材。

宋平北汉·五代十国结束

太平兴国四年（979）五月，宋太宗赵光义亲临太原城下，督诸将四面攻城，北汉主刘继元在孤城无援、众叛亲离的情况下，被迫奉表出降，北汉灭亡。五代十国的长期分裂割据局面自此结束。

早在宋太祖赵匡胤在位时，就曾于开宝元年、二年、九年三次发兵攻打北汉。北汉向辽求救，辽军来援，宋军屯兵太原城下，久攻不克，只得班师而回。北汉刘氏割据政权依附于辽朝，仗着契丹兵相助，有恃无恐，时常侵犯边境州军。赵光义继位后，经过充分准备，再次攻汉。

太平兴国四年正月，宋太宗派大将潘美等分路出兵，围攻太原。其后，太宗又亲赴前线督师。三月，云州观察使郭进破北汉西龙门砦，擒敌无数。北汉主刘继元忙派使节向辽求援。辽景宗命宰相耶律沙为都统，冀王塔尔为监军率军赴援。三月，辽军到达白马岭，前面为一条大河，宋将郭进驻扎在河的对岸待敌。耶律沙等将领认为应等待后军，再与宋军决战，而塔尔认为应率先锋一鼓作气急击宋军，耶律沙力谏不听，塔尔急急躁躁地率军渡河进攻宋军。辽军刚渡到一半，忽听到鼓声大作，郭进率精锐骑兵奋力出击，辽军大败。塔尔及许多将帅阵亡。耶律沙等也立即被冲杀过来的宋兵包围，恰好后军赶上接应，才击退宋军。白马岭一战，辽援军损失惨重。

在太原，宋军也连克孟县、隆州、岚州，剪除太原附近的羽翼，太原城成了孤城一座。宋太宗又一次亲临太原城下，诏谕刘继元投降，刘继元作困兽之斗，没有放弃，于是太宗命宋军发机石攻城。五月，破太原西南羊马城，又移师城南，继续攻城。北汉外绝援军、内乏粮草，军心动摇。刘继元欲战无力，只得出降。北汉遂平，宋朝得到了十州四十县。

宋建崇文院藏书

太平兴国三年（978），崇文院落成。

宋初，三馆所藏图书仅仅一万二千多卷。平定南方诸国后，尽取官藏图书，从后蜀得书一万三千卷，从南唐得书二万余卷。太祖又下诏求书，三馆图书大增，一时多达八万卷。

太宗即位后，见三馆面积狭窄，不足以收藏天下图书。于是下令在左升龙门东北，另建三馆。太宗亲自参与设计。太平兴国三年（978）二月，新建昭文馆、史馆、集贤院落成，赐名为崇文院。旧三馆所藏图书八万卷全部移来崇文院。

三馆建成之后，除继续收藏天下图书外，历代皇帝的御书、文集都藏于此。后来建的龙图阁，藏赵光义的御书文。天章阁则藏宋真宗赵恒的御书、文集。因此，能兼任馆职，一直是文官的特殊荣誉。

移建黄帝陵

据记载，黄帝葬于陕北子长县北桥山西麓，黄帝陵为汉以后所建。宋太祖开宝五年（972）移建至陕西省黄陵县城北二里桥山。

相传约5000年前，黄帝为黄河流域最早的杰出部落首领，姓公孙，名轩辕，以土德称王，土是黄色，故称黄帝。他在当时频繁的部落战争中，杀死南方部落首领蚩尤，又击败了黄河上游的炎帝部落并与之合并，构成了华夏族的主干成份。传说中的许多发明，也被认为起源于这一代，故黄帝被称为中华民族的始祖。

黄帝陵也称黄陵，陵园内有陵墓、轩辕庙。黄帝画像和有关黄帝的文物陈列于庙内，成荫的古柏则成为黄土高原残存森林的珍品，最大者高 19.3 米，下围 10.3 米。碑亭中林立的数十块碑石，记载了中国历代各族的祭文和重修黄帝庙的事仪。

宋政府官修本草

《新修本草》是唐时政府颁行的第一部国家药典，历经 300 余年的碾转传抄，至宋时，其内容已有不少错漏之处，再加上药物新的功用及新药物的陆续发现，《新修本草》已远不能适应社会对药物上的需要，所以亟待整理和修订。

《灸艾图》，李唐画。描绘一乡间医生为病人施行艾灸的情景。

文治盛世

宋开宝六年（973），宋太祖诏尚药奉御刘翰、御医马志、翰林医官张素、翟煦、王从蕴、吴复圭、王光祐、陈昭遇、安自良等九人，修订《新修本草》，后编成《开宝新详定本草》一书，除纠正错误、增写注文之外，还在该书中增收了一部分新药，如使君子、威灵仙、何首乌等常用药物。

《开宝新详定本草》印行后，发现仍有部分不妥之处，于是开宝七年（974年），宋政府又命王光祐、李昉、扈蒙等重加修订，对某些归类不当的药物加以调整，再次增收一些新药，成书21卷，名为《开宝本草》。《开宝本草》比《新修本草》新增药物139种。

宋时除官修药典外，还有一些私撰本草并行于世，其中许多经验和知识为官修药典所不备，很有实用价值。因此，嘉祐二年（1057），宋仁宗又命掌禹锡、张洞、苏颂、秦宗古、朱有章等人，增修《开宝本草》。在《开宝本草》的基础上，附以《蜀本草》、《本草拾遗》、《日华子本草》、《药性论》等各家之说，又选录其它医药著作及经史诸书中有关药物的知识，于嘉祐五年（1060），编成《嘉祐补注本草》，简称《嘉祐本草》。《嘉祐本草》比《开宝本草》新增药物近百种。

唐宋流行的本草药书，药草和药图相辅而行，共同表达药物形态及效用。但当时的药图多为手绘，长期传抄，以致原貌难辨，品类混杂。太常博士苏颂对本草素有研究，深感图经混乱，不宜适用，遂上奏朝廷，建议对本草图经进行重新整订。朝廷接受了苏颂的建议，并于嘉祐三年（1058），下令各州郡，将所产各种植物、动物、矿物等地道药物，制成标本，并绘制成图，注明生长情况、采集季节、效用功用等，呈送京师；进口药材则命令关税机关及商人辨清来源，说明出处，并选送样品到京，以供绘图之用。这是中国历史上规模最大的一次药物普查，也是世界药学史上的创举。苏颂等人奉诏对来自全国各地的药物标本、药图及文字说明，加以研究、整理，编成《图经本草》21卷，共有药图933幅之多，与《嘉祐本草》同时刊行，这是第一部刻板印刷的药物图谱。

在《嘉祐本草》的基础上，宋人唐慎微又撰成《证类本草》，增收药物600多种，将药物分为玉石、草、木、人、兽、禽、虫、鱼、果、米谷、菜、有名未用、图经外草类、图经外木蔓类共13类。本书附载方剂很多，增加方论 1000 多条，各药之后共附古今单方 3000 多首。在一段时间里，《证类本草》取代了国家药典的地位。大观二年（1108），宋徽宗命医官艾盛对《证类本草》进行修订，编成《大观本草》，后在政和六年（1116）和绍兴二十九年（1159）又进行修订成《政和本草》和《绍兴本草》。《证类本草》在《本草纲目》问世之前，一直是研究本草学的范本，在本草史上具有重要地位。

981~990A.D.

宋朝

981A.D. 宋太平兴国六年　辽乾亨三年

五月，辽上京汉军乱，事连废宋王喜隐，逾年乃赐之死。

982A.D. 宋太平兴国七年　辽乾亨四年

辽三道侵宋，皆败。

宋置译经院，令西僧译佛经。

九月，辽景宗死，子隆绪嗣，是为圣宗，年幼，母萧氏称制。

983A.D. 宋太平兴国八年　辽乾亨五年　契丹圣宗耶律隆绪统和元年

宋分三司为盐铁、户部、度支三部，部各置使。

六月，辽更国号曰契丹，辽帝号天辅皇帝，太后号承天皇太后。

宋编《太平御览》成。

蜀版大藏经刻成。

984A.D. 宋太平兴国九年　雍熙元年　契丹统和二年

《太平广记》编成。

986A.D. 宋雍熙三年　契丹统和四年

宋遣曹彬、潘美等分东西道攻契丹。

五月，曹彬等以炎暑退至岐沟，大为契丹兵所败，死者数万。

契丹西路援军败潘美等军，复取蔚、寰、朔、云、应等州，宋将杨业败死于朔州狼牙村。

十一月，宋徐铉等上新定说文。

契丹大举攻宋。

十二月，宋修《文苑英华》成。

《文苑英华》编成。

988A.D. 宋端拱元年　契丹统和六年

九月，契丹攻宋。

989A.D. 宋端拱二年　契丹统和七年

道士陈抟去世。

990A.D. 宋淳化元年　契丹统和八年

十二月，契丹以李继迁为夏国王。

981A.D.

一部分诺曼人，在"红人"伊利克率领下，发现北美洲东北之格林兰岛。

983A.D.

神圣罗马帝国鄂图二世卒，其子嗣位称鄂图三世。

987A.D.

法兰西路易五世卒，卡罗林王朝终，凡二百三十五年。法兰西公爵卡佩·休，当选为法兰西国王。

宋诏求医书医方

北宋太平兴国年间，为振兴传统医学，朝廷广为搜集医书医方。六年（981），宋太宗下诏，令全国各地无论达官显贵还是平民百姓，家中藏有的医书一律送官，视送交卷数多少赏赐钱帛，送交二百卷以上的另加官职，已有官职的升官加俸。

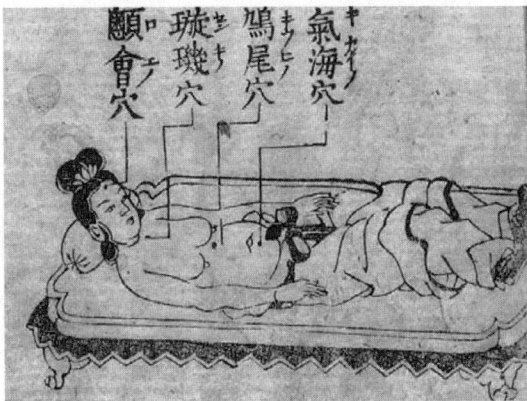

诏令一出，士民踊跃，盛况空前，宋太宗也依诏行

北宋《黄帝明堂灸经》的一幅灸法穴位图，标明气海、鸠尾、璇玑、总会穴位。

事。徐州百姓张成象献出大量医书，一夜之间由一介布衣跃升为翰林学士，举国震惊。从此献书者更多，许多毁于战火中的珍贵医学资料都从民间发掘出来，甚至一些早已认为失传的医书也被发现。

宋太宗诏求医书医方，对保留和发扬传统医学资料起到了积极作用。

宋代建立译经院

太平兴国七年（982），朝廷设立译经院。

唐代前期设有翻译外国典籍的机构，自元和以后，由于国势衰落，朝廷无暇他顾，不复译经。

宋初，中天竺摩伽陁国高僧法天到鄜州（今陕西富县）和河中梵学高僧法进共译经义，进献皇帝。宋太宗即位后，又有北天竺迦湿弥罗国高僧天息灾等人相续入宋，带来一些原本佛经。太宗历来崇尚佛教，于是召见天息灾等人，并在太平兴国寺建立译经院。七月，太宗亲临译经院，并带来宫中所藏未译梵经，命天息灾等人译为汉语。

译经院后来又改名为传法院，隶属鸿胪寺，专门从事佛经翻译工作，由大臣担任译经润文官，润色所译经文，设译主、证梵文、笔受、缀文、参祥、证义、译经使等职。天禧五年（1021），任命宰相丁谓为译经润文使，从此译经院直属宰相统领。译经院从成立到天圣五年（1027），共翻译佛经五百多卷，为中外文化交流作出了贡献。

李昉修《时政证》

太平兴国八年（983），宋太宗诏令参知政事李昉撰录军国政要，每月先送太宗，然后交史馆存档，称《时政证》。

自唐以来，中书、枢密院都编有时政记，每月编修送史馆存档。宋初，太祖令卢多逊录时政，每月送史馆，卢多逊不能胜任，故此制逐渐废除。

太平兴国八年（983），右补阙、直史馆胡旦奏请太宗恢复旧制。太宗采纳此言，令参知政事李昉修时政记，枢密院令副使一人编纂，每季送史馆。李昉每月将《时政证》先交太宗亲阅，再送史馆保存，这是《时政证》奏御的开始。

日本僧人奝然人宋求法

太平兴国八年（983），日本僧人奝然率弟子五六人随吴越商船来到宋朝求法。他们先后谒访天台山国清寺及扬州龙兴寺等名寺。

雍熙元年（984），宋太宗召见奝然，盛情款待，并赐紫衣。奝然献上日本国《五年代征》等书，被封为法济大师。

同年，奝然历览五代山、洛阳白马寺、龙门石窟等佛教名胜。

雍熙二年（985），奝然携带新印《大藏经》、新译佛经286卷、16罗汉画像、旃檀释迦像、《孝经》、《孝经新义》等佛教典籍及传统书籍，随宋朝商人

11世纪初高丽《大藏经》版

郑仁德商船回国。

端拱元年（988），奝然又命弟子喜因（又作嘉因）随郑仁德船只奉表来宋，求访新经，并向宋太宗赠送倭画屏风、日人手书等礼品。

杨业兵败捐躯

雍熙三年（986）七月，武将杨业在陈家谷兵败被俘，不食三日而死，引起朝野震动。

杨业，原名重贵，麟州新秦（今陕西神木）人。太平兴国四年（979），太宗平北汉，杨业降宋，被任为知代州兼三交驻泊兵马部署。第二年，在雁门关之战中大败辽军。

雍熙三年，宋军分3路北伐，潘美为云应路都部署，杨业为副将。北伐军队连克寰（今山西朔县东）、朔、应、云（今山西大同）4州。后来因为东路军在岐沟关大败，奉命撤军，并护送云、应诸州百姓内迁。此时，契丹山西兵马都统耶律斜轸正攻克寰州，兵势强盛。杨业提出率兵出大石路，令云应各州百姓入石碣谷，以避敌锋，保证百姓及军队安全的作战计划，遭到潘

北京古北口杨令公祠

美和监军王侁等人的反对和诬蔑，被迫冒险从石峡路到朔州迎敌。杨业临行，哭着求潘美在陈家谷口接应。但潘美、王侁等却擅离谷口，听到杨业兵败的消息，非但不前去救援，反而率兵逃跑。杨业遭契丹军队伏击，拼死血战，自日中战斗到夜晚，辗转退到陈家谷口不见援兵，再率部下力战，全军覆没，杨业受伤被俘，英勇不屈，不食3日而死。

杨业之死引起朝野震动，太宗追赠杨业为太尉、大同军节度使，潘美削三任，王侁除名编管。

杨业之子杨延昭、孙杨文广等抵御辽夏军队也屡建战功，被后人称为"杨家将"。

徐铉、徐锴解《说文》

隋唐时代，朝廷盛行以诗赋取士，不以经学、字学为重，并确定楷书为正体，以小篆为主体的文字学开山之作《说文》，逐渐不被重视。唐代宗大历年间，书法家李阳冰根据己意，排斥许慎说解，将《说文》乱改一通。从此，许慎原本不见，改本盛行。

　　直至南唐末年宋初徐铉、徐锴兄弟（世称"大小二徐"）才对《说文》深入研究，精细校订，逐渐恢复了许书的原貌，使说文之学从此兴盛。

　　徐锴（920~974），字楚金，扬州广陵（今江苏扬州）人。南唐时历任屯田郎中、知制诰，集贤殿学士。他著的《说文解字系传》40卷，是《说文》最早的注本。

　　徐锴在疏证许说时，对许书中对形体说解不明的加以说明；对许书本义训释令人费解的，用浅近的语言疏解，并引书例作证，还将有些本义训释较笼统的，用词义比较法使其具体化；根据许书本义推阐字的引申义；根据许书本义说明文献用字中的假借现象；运用因声求义的方法，探求字的命名取义由来。可见他的注释，不仅疏证了《说文》训释中的费解笼统之处，便于后人学习研究，而且还以《说文》的训释为基础，推求引申，辨析假借，探究字源，屡有创见，对文字学史和训诂学史贡献很大。

　　徐锴的哥哥徐铉（916~991），字鼎臣，初仕南唐，后归宋。宋太宗雍熙初奉诏与句中正等人校定《说文解字》，于雍熙三年（986）校完付印，与徐锴的《系传》"小徐本"对称，称为"大徐本"。

　　大徐本主要刊正《说文》在流传过程中出现的讹误，恢复许原本的面貌。所附雍熙敕牒说明了校定的缘由："许慎《说文》起于东汉，历代传写，讹谬实多。六书之踪，无所取法。若不重加刊正，渐恐失其源流。"

　　大徐本对《说文》原文作了精审的校勘，增加了简要的注释（其中系引徐锴的说法），对时俗通行的别体俗字，详加辨正，还统一改用孙缅《唐韵》的反切，改变了《说文》传本增本注音的混乱情况。另外，大徐本将增收的402个许慎未收的经典用字，加上注释列于每部之末，称为"新附字"。

　　大小徐本都把许慎原来的十五篇各分上下，为30卷，对《说文》的整理和研究在文字学史上具有特殊重要的地位。小徐本继往开来，从理论和实践上奠定了说文学的基础，大徐本校定《说文》、恢复《说文》面貌，使学有所本，成为至今通行的范本。

宋军北伐大败于岐沟关

雍熙三年（986）五月，宋北伐契丹，大败于岐沟关（今河北涿州西南）。

太平兴国七年（982），辽景宗去世，12 岁的圣宗即位，太宗想乘契丹国中无人之时大举北伐夺回失地。

三年正月，太宗分三路军北伐，东路以曹彬、米信为帅，率主力军十万，中路以田重进为帅攻蔚州，西路以潘美、杨业为帅攻朔、寰、应、云诸州。准备以东路军先行，吸引契丹主力，再使中、西路军乘机而上，然后三军大举进攻幽州。

契丹承天太后萧绰得知宋朝出兵。命南京都统耶律休哥率兵固守，阻击宋军北进，并调兵增援，又命耶律斜轸为山西兵都统，阻击中、西路军。同时与圣宗亲率大军南下。

战役前期宋军进展顺利，各路大军均攻克不少城池。四月中旬，承天太后亲率军队夺回固安、涿州，战局开始对宋不利。五月，曹彬率军从雄州到涿州，因沿途受阻，加上天气炎热，人马困乏不堪。契丹军形成钳袭之势，曹彬冒雨南撤至岐沟关，被承天太后与休哥军追及，全军溃败。曹彬召集溃兵夜渡拒马河，又被休哥率骑兵追及，宋军死者数万。

由于东路军惨败，太宗下令中、西路军撤退。七月，宋名将杨业在陈家谷口兵败被俘，不食三日而死。

自此，在与契丹的军事对峙中，宋由攻势转为守势。

开宝寺舍利塔建成

端拱二年（989）八月，工匠喻皓奉诏建成开宝寺舍利塔。

喻皓，宋代浙东人，曾为都料匠，擅长建塔，著有《木经》三卷，已遗失。欧阳修称赞他："周朝以来木工，一人而已。"

太平兴国七年（982），喻皓奉太宗之命建开宝寺舍利塔，历时八年，终于建成。舍利塔八角十三层，是高达120米的巨型木塔，命名为福胜塔。他根据京师开封多雨北风的特点，使塔身微向西北倾斜，认为这样才能保证百年不倒。

开宝寺塔

庆历四年（1044），木塔被雷火焚毁，数年后，又在原地按原式样重建砖塔，保留至今，由于使用特制的铁色琉璃砖，民间称之为"铁塔"。

李继隆败契丹

端拱二年（989），宋威虏军军粮殆尽，辽军想趁虚而入。太宗令定州路都部署李继隆率领真、定大军护送军粮赴威虏军。辽将耶律休哥得到情报，率数万精兵途中拦截，遭遇北面都巡检使尹继伦少量军队，耶律休哥见尹继伦军队人少不堪一击，于是避开他直逼大军，尹继伦激励官兵说："辽军欺人太甚，蔑视我军。我们不如尾随敌军，伺机出击。若能取胜则立下大功，若失利也能殉节战场，不失为忠义之师。"将士同仇敌忾，悄悄跟踪敌军数十里，来到唐州徐河。

辽军在离李继隆大军四五里处安营扎寨，向李继隆挑战。李继隆严阵以待。尹继伦出其不意，率军从辽军背面袭来。尹继伦身先士卒，先杀辽军一员大将，辽军惊溃。耶律休哥正在吃饭，见宋军突然杀来，惊慌失箸，连忙逃命，混乱中手臂中刀，骑马逃走。辽军群龙无首，四散逃窜。李继隆和镇州副都部署范廷召率大军涉河追击，俘获辽军官兵无数。定州副都部署正与辽军在曹河交锋，杀辽军主帅大盈。

此役大挫辽军锐气，从此，辽军不敢贸然南侵。尹继伦因功受赏，迁洛苑使，领长州刺史，兼都巡检使。

宋代监狱发达

宋代的监狱制度，较之前代更趋严密、合理和文明，但是政治的腐败也导致了狱政的黑暗。

开封府设酌开封府司狱，既是中央监狱，又是地方监狱，主要关押犯一般刑罪的官吏，以及京师案犯。除府司狱外，开封府及其他府又设有左右军巡院狱；诸司又有殿前、马步军司及四排岸狱；诸州有军院狱和司理院狱；

北宋走狮石雕，写实中见夸张，稳健中显威猛。

诸县都设有县监狱。宋代专门制定了有关监狱管理的法令，标志着中国古代狱政向文明、进步的方向发展。

宋初，中央监狱设于御史台，大理寺不设监狱，群臣中犯法事件大者下御史台狱。神宗时，大理寺狱恢复，形成中央大理寺与御史台两狱并峙的局面。哲宗时开始明确两狱的分工，御史台专治诏狱，一般案件则由大理寺狱负责羁押犯罪官吏，大理寺治狱又分左、右推，自此，中央两狱的职能分工，正式明确下来。

宋代的监狱制度虽然相对完备，但上自君主下至各级官吏都败坏法纪，肆意妄为，宋代狱政相当黑暗，专制君主常常任情喜怒，随意置狱，不顾现行法制，以特法而兴狱，还设特别监狱。如哲宗曾命非司法机关的皇城司设狱，以及兴起同文馆狱，各级官吏也无视法律，残害狱囚的现象比比皆是，狱官受贿卖法，狱吏公开索贿。南宋时，狱治进一步腐败，吏卒勒索财物不得满足，即"擅置狱具，非法残民"，用各种法外酷刑、逼供、敲诈，甚至将犯人凌虐致死。此外，无限期地关押"未决犯"及"干连佐证"，也是宋代监狱黑暗腐败的表现。虽然宋代法律明文规定了决狱期限，但"淹囚"、"滞狱"现象颇为普遍。在仁宗末年，凤翔府一妇人涉嫌通奸，因怀孕未决，一关四年，超过了二年的最高决狱期限，到英宗即位大赦出狱时，该妇人狱中所生之子已经"发披面、齿满口"（《画墁录》）。宋代治狱，不仅被告须关押，同案牵连者、证人，甚至原告，统称"干连佐证"一并羁押。南宋末年，滞狱已成为危害南宋政权的一大弊政了。

陈抟作坐功、无极图、先天图

端拱二年（989），著名道士陈抟逝世，他创立的"二十四坐功"传世推广，他作的《无极图》和《先天图》也奠定了内丹学的基本教义。

陈抟（871~989），字图南，自号扶摇子，五代末北宋初著名道士，也是历史有名的长寿之人。陈抟在后唐长兴年间考进士落第后，便在武当山九宝岩隐居。传说他"服气辟谷历二十余年"后移居到华山的云台观。"服气"

西岳华山是道教重要的"洞天福地"。华山脚下的玉泉院是为纪念陈抟所建。

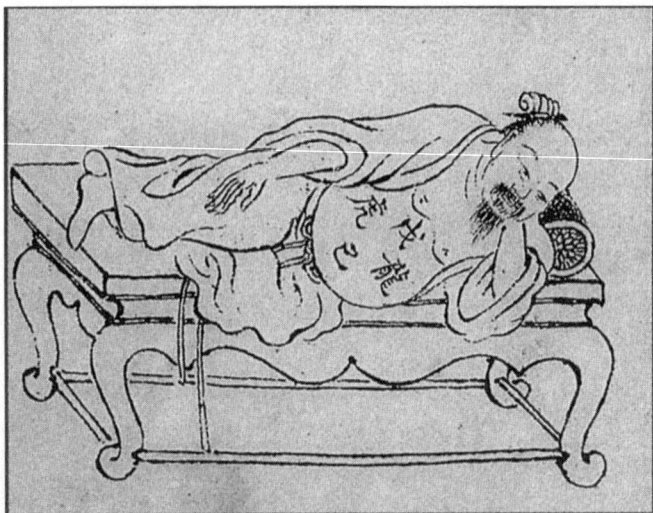

陈抟左侧睡功图

和"辟谷"都是导引之术的功法。陈抟住在华山少华石室时,每睡一次觉,往往 100 多天不醒。宋太宗曾经赐给他"希夷先生"的名号。

　　陈抟对儒、释、道三教的学说都有涉猎。著有《指玄篇》81 章,主要是论述导养和还丹之事。现在流传下来的陈抟的二十四势坐功,是依照 24 个节气进行的,每一势都分成两部分。一部分是身体的姿势,另一部分是肢体的动作,如叠手按髀,拗颈转身,左右偏引,握固转颈,反肘后向,伸头回头等等;另一部分是保健之法,如叩齿、吐纳、漱咽、咽液,它是在每个动作完成之后做的。在二十四势的每一势之后另列有所治的病症,如腿、膝、腰、脾风湿,肺腑蕴滞等等。这套坐式的导引功法,动作简单,术势比较少,而且既能治病,又有保健的功效,深受大众的欢迎。

　　陈抟精于《易》理研究,曾作《无极图》和《先天图》,并将《无极图》刻于华山石壁。该图由五个部分组成,最下面的一部分称为"玄牝之门",是指"人身命门两肾空隙之处",在这空隙之处,可产生气,称为"祖气";若将这祖气提升,就称为"炼精化气",再提升就称"炼气化神",这是第二部分,即为"炼有形之精,化为微芒之气;炼依希呼吸之气,化为出有入无之神";若再使这些精、气、神不停运动,并使之贯穿于五脏六腑,就称为"五气朝元",这是第三部分;贯通五脏六腑之后,五气朝元进一步升为"取坎填离",遂为圣胎,是为第四部分;而第五部分则是使"圣胎"复还原于元始,"炼神还虚,复归无极",则功用就达到至高至上的地步。

对于陈抟的《无极图》,历史上有两种解释,若自上而下来看,则认为是宇宙的生成演化过程,即"顺以生人";若自下而上来看,则是炼养内丹的过程,即"逆以成丹",并由此得出炼养内丹的五个基本阶段:得窍、炼己、和合、得药、脱胎,奠定了内丹学的基本教义。

陈抟作的《先天图》,相传是他从麻衣道人所得,是一种六十四卦图式。

陈抟的《无极图》来自于《周易参同契》,揉和了《易》和《老子》的哲学思想,并开创以图式解释《易》理的先河,对后世道学及宋明理学的发展有很大影响,他的思想通过师承关系,一直影响着后世的邵雍、刘牧、周敦颐及陈景元等人的学术思想。

中国蒙学形成

对幼童进行蒙养教育,古已有之。西周时规定每巷必有一塾;汉代的启蒙学校叫书馆,教师叫书师,还配备有《仓颉》、《凡将》、《急就》、《元尚》等识字教材。宋代偃武修文,文化教育的普及和繁荣是前代无可比拟的,其蒙学水平的发展已达到相当成熟的阶段,教学手段和教育理论渐成体系,还产生了高质量的、长期流传的蒙学课本,如《三字经》、《百家姓》等。

宋代蒙学水平的发达首先表现在学校形式之多与照顾面之广。除开正规官学之外,更多的幼童是读于私立学堂。在当时,乡有乡学、村有村校,还有家塾、舍馆等。此外尚有利用农闲季节专为贫民子弟设置的冬学。这类学校,尽管教育质量不高,但至少使受教育者不至流为文盲。

宋代蒙学教育的目的和任务首先是注重品行的培养,不论是童蒙教材,还是当时著名学者的专章著述,都清楚地表明了这种价值取向。他们认为,"幼学之士,先要分别人品之上下",小学的目的和大学是一致的,归根结底,是要学好"做人的样子"。其次,宋代学者相信人性本善,因此,童蒙教育

的目的也就是保持好先天带来的这种善，防止后天的恶习浸染。两宋理学家关于蒙养教育的一系列论述，都发自这一主题。

再次，注重基本历史文化知识的传授和文字基础的积累，并强调自小养成正确的学习态度和良好的学习习惯。背书、写字就成为很重要的功课。写字要求一笔一画，严正分明；读书要求身体正对书册，详缓看字，响亮朗读；日用笔砚物品，要求放有常处。朱熹在《童蒙须知》中总结道：幼童读书，要做到心到、眼到、口到，三到之中，心到最为重要。这一切，都是对后代乃至我们今天仍有积极意义的。

与人们想象中宋儒的刻板形象不同，宋代学者，包括道学家朱熹在内，都非常重视儿童的兴趣和爱好，主张启蒙教育应当形式活泼、因势利导，他们将蒙养教育形容成是春风化雨一般。道学家张载认为：教之不受，告之无益；程颐也强调：孩子未见意趣，必不乐学。显然，他们对教育方法的研究，是颇为重视的，这也是蒙学成熟的一个标志。

宋代的蒙学教材，常常是由著名的学者宗师执笔的。诸如司马光、朱熹、赵鼎、真德秀、吕祖谦，均为一代宗师，有的贵为宰相，但并不因粗浅而不屑自为。这也是宋代蒙学教材水平高的缘故。

宋代蒙学教材比起前代发展很大，内容体系方面更为完备。历史类的有四言韵语的《十七史蒙求》、《两汉蒙求》；博物类的有方逢辰的《名物蒙求》和王应麟的《小学绀珠》，伦理道德、起居礼仪和家庭训诫的教材尤其多，其中影响最大的当数朱熹的《小学》、《童蒙须知》、司马光的《家范》及《袁氏世范》，这类教材更适宜师长用作参考书。

《百家姓》、《三字经》产生

北宋时编的《百家姓》和相传为宋王应麟编的《三字经》（一说是宋末区适子所撰），是两种流传较广的以识字教育为主的综合性识字课本。

《百家姓》是集汉族姓氏为四言韵语的蒙学课本，作者佚名。全篇从"赵、钱、孙、李"始，为"尊国姓"，以"赵"姓居首。全篇虽是400多个前后并无联系的字的堆积，由于编排得巧，亦极便于诵读。不仅为孩童提供识字中国古代蒙学课本《千字文》、《百家姓》、《三字经》。

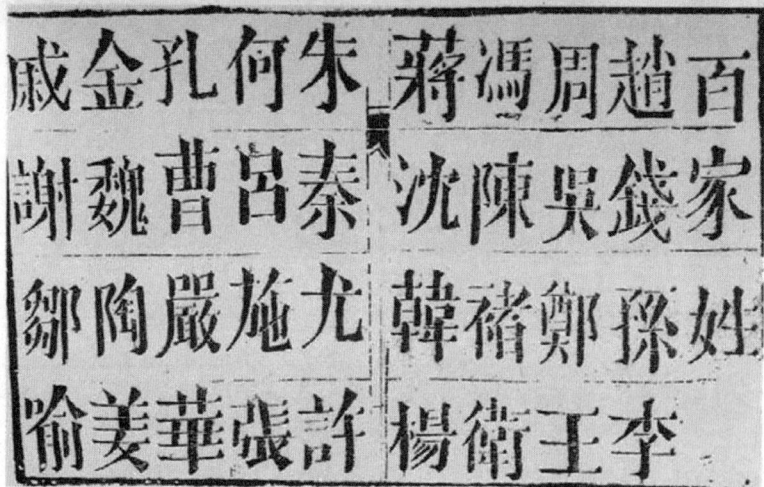

文治盛世

清版《百家性》

条件，而且提供全国姓氏的基本内容。

《三字经》自宋编成后，经明、清陆续补充，到清初的本子为1140字。全书从论述教育的重要性开始，开头是"人之初，性本善。性相近，习相远"，然后依次叙述三纲五常十义，五谷六畜七情，四书六经子书，历史朝代史事，最后以历史上奋发勤学，"显亲扬名"的事例作结，把识字、历史知识和封建伦理训诫冶为一炉。《三字经》"分别部居，不相杂厕"，全为三言，开三言韵语蒙书的先例，且句法灵活，语言通俗，是中国古代最著名的蒙学课本。

《百家姓》、《三字经》和《千字文》曾合称"三、百、千"，成为相辅相成的整套启蒙识字教材，一直流传到清末。后世曾有不少对《百家姓》、《三字经》的改编本，但都未能较久、较广地流传，没能够取旧本而代之。可见旧本在群众中的影响，也可见旧本的文字功力。《百家姓》、《三字经》后来还译成少数民族文字，供儿童学习汉文之用，有的还流传到别的国家。

宋朝

文治盛世

991A.D. 宋淳化二年　契丹统和九年

十月，女真附于契丹。

992A.D. 宋淳化三年　契丹统和十年

法帖之祖"淳化阁帖"成。

993A.D. 宋淳化四年　契丹统和十一年

宋西川青城县民王小波以均贫富相号召，聚众起义。

宋划全国为十道，以左右计使分领之，以督赋税。

十二月，王小波战死，李顺继之，攻下蜀、邛、彭、汉等州。

994A.D. 宋淳化五年　契丹统和十二年

李顺破成都，称蜀王，宋遣兵攻之。

五月，宋兵拔成都，俘李顺。

996A.D. 宋至道二年　契丹统和十四年

九月，宋兵攻李继迁，五路并进，略有小胜。

997A.D. 宋至道三年　契丹统和十五年

河西党项附于契丹，由是契丹西路拓地益远。宋太宗死，太子恒嗣，是为真宗。

999A.D. 宋咸平二年　契丹统和十七年

六月，宋重修太祖实录成。

九月，契丹帝及太后大举侵宋，十月，契丹攻遂城，守将杨延朗拒之。

1000A.D. 宋咸平三年　契丹统和十八年

益州戍卒乱，奉王均为主，均建号大蜀。

成都破，王均突围走富顺，旋死。

991A.D.

高丽立社稷。逐鸭绿江外女真于白头山外。

992A.D.

威尼斯向在帝国各处享有极为广泛之商业特权，至此已逐渐形成不受帝国约束之独立势力。

996A.D.

拜占庭帝国巴细尔二世颁布土地法，大领地被没收者甚多，皆分配农民耕种。

998A.D.

匈牙利圣斯提芬（一世）即位。在位四十一年中，使匈牙利成为一真正王国。

1000A.D.

欧洲各地普遍迷信公元1000年将为世界之"末日"。人心惶惶，不可终日。

宋设置审刑院

淳化二年（991）八月，宋太宗赵光义为了加强对司法的控制，在宫内设置了审刑院。

太宗体恤百姓，唯恐大理寺、刑部官吏专断，使百姓蒙冤，便于淳化二年（991）八月，在宫内特置审刑院，作为中央特设复核重大案件的专门机构，设知院事1至2人，以朝官充任；另设评议官6人。凡全国各地上奏的重大案件，都要先送到审刑院收纳备案，再交付给大理寺、刑部裁断，然后再送到审刑院审查评议，由知院与评议官写出书面意见，上报中书。如认为量刑适当，便传达定案；如果没有批准，则必须由宰相出面，再上报给皇帝，奏请其作出裁决。

元丰三年（1080），审刑院归并到刑部。

宋科举开始封弥誊录制度

淳化三年（992）三月，宋太宗到崇政殿，进行对合格进士的复试。为了防止主考官作弊，他采纳了陈靖的建议，开始实行糊名考试。

所谓糊名考试，是将考生试卷上的姓名、籍贯等封住或者去掉，再交给主考官评定优劣等级，称为封弥制度。这种制度开始于992年3月的殿试，然后由省试到解试逐步实行。省试封弥始于咸平二年（999）；开封府解试始于大中祥符七年（1014），而诸州解试封弥则于明道二年（1033）才开始。

封弥制度实行以后，主考官也还可以在糊住名籍的试卷上辨认笔迹以舞弊，誊录制度就是宋真宗时为了进一步堵塞这个漏洞而创立的。所谓誊录，即将已经封弥（糊名）的考生试卷，由书吏重新抄写过后，再交主考官评定。这一制度也是由殿试、省试、解试而逐步实行的，其中殿试誊录约始于景德二年（1005），省试誊录、开封府及诸州解试誊录分别开始于大中祥符八年（1015）和景佑四年（1037）。

文治盛世

《东家杂记》插图《杏坛图》，描绘鲁哀公时孔子登杏坛抚琴而歌。杏坛，意谓万世师表立教之地。

科举开始实行糊名（封弥）誊录制度，有助于杜绝请托，防止主考官的徇私舞弊，保证考试的公平合理。欧阳修曾评价说："其无情如造化，至公如权衡，祖宗以来不可易之制也。"

宋政府官修方书

淳化三年（992），《太平圣惠方》编成，揭开宋代官修方书的序幕。为适应医学不断发展的需要，重新总结唐宋以来许多新的有效方剂，北宋政府组织许多医学名家，编著了大批方书。其中著名的有《太平圣惠方》、《圣济总录》和《和剂局方》。

宋太宗赵光义素好医术，收藏效方千余首。982 年，太宗诏令翰林医官院，向全国收集有效方剂一万多首。命翰林医官王怀隐、王祐、郑彦、陈昭遇等整理前代医方，编纂新的医方著作。至淳化三年（992）撰成《太平圣惠方》一书。该书共 100 卷，280 多万字，论述了五脏病症、伤寒、时气、内、外、五官、骨伤、妇、儿、针灸等，共分 1670 门，载方 16834 首。每门之下都先用《诸病源候论》的理论作为总论，并附上处方用药，是一部理、法、方、药完备的医方著作。

《和剂局方》书影

翰林医官王怀隐像

《太平圣惠方》成书后 100 多年，医学又有了新的发展。因此宋政府再次组织医家们搜集历代的民间验方及临床有效方剂等，历时 7 年，于 1117 年编撰成《圣济总录》。全书共 200 卷，载方近 2 万首，几乎囊括了当时所有的医方，内容包括运气、叙例、治法及内、外、妇、儿、五官、针灸、补益等各科的证治以及杂治、养生等，共分 66 门。每门下均列有若干种病症和对每一种病症的病因、病理进行的分析、说明及治疗方法、药方等。所列医方具有较高的临床应用价值。一些外来药如犀角、沉香等，也常用于临床诊治中。此外，书中各类病证分类严谨、细致，如将补益门分为平补、补虚益气、补虚益血等 20 多种，为后世补益方剂的规范化提供了较完善的理论依据。

宋政府除组织新编上述两部大型方书外，还对国家药局配方——《太医局方》进行了多次修订增补。1107~1110 年间诏命裴宇元、陈师文等人将原书的 3 卷增至 5 卷，收方 297 首，定名为《和剂局方》。1151 年，许洪又加以校订，改名为《太平惠民和剂局方》颁布各地，成为世界上最早的国家药局局方之一。该书几经修订后共 10 卷，分诸风、伤寒、痰饮、诸虚等 14 门，共 788 方。每方均详细说明主治病症、药物成分及炮炙方法等，多为成药丸、膏、散、丹等剂型的常用药，疗效显著，如"逍遥散"（疏肝解郁）、"藿香正气散"（理气和中）、"至宝丹"（凉血开窍）等，至今仍为临床使用。该书问世后影响极大，出现了"官府守之以为法，医门传之以为业，病者恃之以立命，世人习之以成俗"的社会局面。

宋政府官修方书，收罗广博，卷帙浩繁，全面总结了历代医方成就，推动了当时医学的发展，也为后世留下了宝贵的医学财富。

宋一代名相赵普去世

淳化三年（992）七月，宋朝宰相赵普去世，享年 71 岁。

赵普（921~992），字则平，宋幽州蓟县（今北京大兴）人。后周时官职曾达到归德军节度掌书记，是赵匡胤（太祖）的亲信幕僚，曾积极策划陈桥兵变，拥赵代周。入宋后官运亨通，先因拥戴太祖有功，授以右谏议大夫，充枢密值学士，建隆三年（962）升任枢密使，乾德二年（964）便居宰相高位，从此为相十余年。他针对五代藩镇割据、君弱臣强的情况，建议宋太祖削弱臣下的兵权，罢免名高资深的大将所掌握之禁军要职，为宋中央集权制度的加强立下汗马功劳。

在统一诸国的战争中，赵普参与制定"先南后北"的方略。开宝六年（973）因专断，以权谋私被罢相降职，太平兴国六年（981）参与制造"金匮之盟"，说杜太后命赵光义（太宗）继位得以复相，参与迫害秦王廷美；八年（983），再次被贬官；端拱元年（988），第三次入相；淳化元年（990）任西京留守，三年（992）病死，封谥号忠献，追封真定王。

赵普为相，刚毅果断，能以天下为己任，但性情深沉多虑，缺乏雄才大略。又因他常读《论语》来决断政事，故有"半部论语治天下"的说法。

宋太宗去世·真宗继位

至道三年（997），太宗去世，太子赵恒继位，是为真宗。

宋太宗赵匡义，太祖匡胤之弟，于976年继位。在位22年间，曾迫使平海军节度使陈洪进、吴越王钱俶相继纳仕，又亲征北汉，击败契丹援军而使北汉投降。征辽失败后对辽采取守势，执行守内虚外政策；采取各种措施进一步加强了中央集权；扩大科举考试规模，完善科举制；设审官院，加强对官员的考察和选拔；组织人力编纂《太平广记》、《太平御览》和《文苑英华》等。是一位较有作为的皇帝。

至道三年（997）二月，太宗弥留之际，宦官王继恩忌太子英明，与参知政事李昌龄、知制诰胡旦等阴谋立楚王元佐，被宰相吕端觉察。

三月，太宗驾崩，吕端将奉令召他入宫的王继恩锁禁，火速入宫，以理说服心意动摇的李皇后，奉太子赵恒即位。太子即位后，垂帘见群臣，吕端不拜，待侍臣卷帘，登殿审视新帝确为太子恒时，才降阶率群臣拜呼万岁。是为真宗皇帝。

宋官员管理制度完备

宋朝中央政权对文武百官的任用和管理制定了一套严密精细的制度，包括磨勘和叙迁、荐举和恩荫、监察、致仕等较为开放的运作程序。

宋初废除了论资排辈的升迁制度，宋太宗时，设审官院和考课院分掌京朝官和幕职州县官的考核，按官吏的成绩、过失决定转迁与否，称磨勘。宋神宗官制改革，设吏部四选分掌文、武官的考核、差遣。宋真宗赵恒还规定文臣（京朝官）任满三年、武臣四年（后改为五年）磨勘升迁本官阶一次，幕职州县官在改为京朝官时也实行磨勘。此后，为减少冗员，不断严格磨勘条件，如延长磨勘年限、规定升迁的止法、限制每年磨勘升官的人数、增加举主等。

在宋代，荐举和恩荫成为官僚机构选拔人才的特殊方法。荐举的标准主要是德行、才能。既有中央临时指定举主及荐举对象的"特治荐举"，又有依常规逐步进行的"常程荐举"。特治荐举多是中央急于用人之际，举主多为高官，保荐时选择面宽而资格限制不严，被举者得到任用或越级迁升的机会较多。常程荐举的对象多是小官，限定了举主的身份、资历及可举人数等。但是荐举中攀援、请托之弊屡见不鲜，荐举成为部分官僚进行政治交易和培殖私党的工具。另外在遇朝廷举行郊祀或明堂大典、皇帝生日以及本人致仕、奏进遗表等情况下，中、上级官吏还可荫补其亲属、门客以官衔或差遣。宰相可荫补缌麻以上亲属十人，执政官可荫补八人，节度使可荫补六人。荐举和恩荫制度促成了各种人才不断涌现，对宋代社会的进步及经济文化的繁荣发达或多或少地起了推动作用。

宋代的监察机构随着封建专制主义的发展而加强，中央沿袭唐制，御史台仍设三院。地方始设通判，与知州平列，称监州，有权随时向皇帝奏报，成为皇帝在地方的耳目。此外，路一级的转运使、提点刑狱公事等也负有监察州县的责任。为保证监察御史具有较多的从政经验，宋代明确规定，未经两任县令者不得任御史之职，按规定，御史有"闻风弹人"之权，每月必须向上奏报一次，上任后百日必须弹人，否则就要罢黜为外官或受罚俸处分，

名为"辱台钱"。从此开御史台滥用职权之例。御史可以直接弹劾宰相，亦有劝谏之责。御史台还有权分派御史参与重大刑事案件的审理。

古代官吏退休称"致仕"。宋以前尚未形成整齐规范的官吏致仕制度。到宋代中期，逐步建立一套较完整的官员退休制度，宋朝规定文官年70、武官年80应主动申请退休。北宋前期，高官退休，必须解除所带"贴职"，宋神宗时允许官员带职退休，退休官员都在原职位上升迁一级，如果官员在任劳苦功高，退休时可按品级恩荫子孙、亲属；退休后领取部分俸禄。这种优厚的待遇鼓励老年官员退休，保持了官僚阶层的相对精干。

总之，宋朝的官吏管理制度吸纳了社会各阶层精英，也吸引了大批无德无能的庸才，目的是维系国家机器的平稳运转，但是宋朝政权机构重叠，冗员过多，其行政效率并不理想。

王小波、李顺起义

淳化四年（993），王小波、李顺因不堪忍受官府的压榨剥削，聚众起义。

四川一带自晚唐起就很富裕。入宋之后，朝廷对其征加赋税，又设置禁止商旅私自买卖布帛的"博买务"之职，官府和兼并势力趁机贱买贵贩，谋取暴利，使因地狭民稠、耕稼不够供给的四川黎民苦不堪言。淳化四年（993）二月，王小波、李顺等在青城县（今四川灌县南）率众起义。

王小波宣言告："吾疾贫富不均，今为汝均之"，提出均贫富的口号，得到贫民的拥护，很快攻克青城、彭山诸县，转战于邛、蜀（今四川崇庆东）诸州，起义队伍迅速壮大，增加至数万人。

十二月，起义军在江原县（今四川崇庆东南）与官军激战，王小波杀四川都巡检使张圮后亦伤重身死，义军由其妻弟李顺领导继续斗争。李顺率军连续攻克蜀、邛、汉、彭等州，所到之处，令乡里富人大姓将家中粮食财物贡献出来，统一调发分给穷人，自己只留家用。起义军纪律严明，李顺又善于录用人才，队伍发展到数十万人，令官兵闻风丧胆。

淳化五年（994）正月，起义军攻占了成都，建立了大蜀政权，李顺为大蜀王，改元应运，然后遣兵四出，攻占州县，很快就控制了北抵剑门（今四川剑阁东北）、南及巫峡的广大地区。

宋太宗急令亲信宦官王继恩为四川招安使，统率各路军马入川镇压起义军。王继恩乘虚攻占了剑门关，经栈道长驱入川。其时起义军正集中兵力围攻梓州（今四川三台），未能对入川官兵进行有效抵抗，只好退守成都。

五月，王继恩攻破成都，惨杀三万义军，李顺战死，许多义军将领被俘后英勇就义。义军余部在张馀等率领下继续征战，占据成都城外，并一度攻占嘉（今四川乐山）、戎（今四川宜宾）等八州。宋氏朝廷不断往川派兵、遣使，至道元年（995）二月，张馀在嘉州被捕牺牲，十一月，李顺余部全部失败，起义终于被镇压下去，蜀地的战争平复。

王小波、李顺起义，是中国历史上第一次提出"均贫富"的农民起义，具有进步意义。

路振著《九国志》

至道年间，宋朝史学家路振著写《九国志》。

路振，永州祁阳人（今湖南祁阳西），生卒年不详，自幼爱读史，并有志于象司马迁那样"不虚美、不隐恶"，撰写史书以为后人借鉴。因此，不辞劳苦，四处设法收集五代时吴、南唐、吴越、前蜀、后蜀、荆南、南汉、闽、楚九国君臣的行迹、事迹、传说、野史等材料，仿照《史记》的体例，分作世家、列传等名目，撰写史著，题名为《九国志》，大约执笔于至道年间。由于收采资料历尽艰辛，结果书还没写完，路振便操劳而殁。后来，张唐英补写了北楚2卷，与路振所著

北京牛街礼拜寺，始建于宋至道二年（996）。

宋代观音菩萨坐像木雕，显贵妇人之态，坐姿优雅。这是宋代菩萨造像的一个显著特色。

合为 51 卷。虽然是十国历史，仍沿用旧名《九国志》。

《九国志》原本早已遗佚，今传本是清人邵晋涵从《永乐大典》中辑出的，比原书已残缺过半，但是存留下来的各篇首尾完整，可以补充正史的遗漏之处。

宋给外任官职田

咸平二年（999）七月，根据宰相张齐贤的建议，宋开始给外任官职田。职田就是用作官员在职补贴的官田。

凡外任官的职田，以官田及远年逃田充当，免掉所有的赋税；田上佃户以客户充任，官府与客户各得收成的一半。职田的面积以官员差遣不同而有区别，其中两京、大蕃府 40 顷，次藩镇 35 顷，团练、防御州 30 顷，中上刺史州 20 顷，上州及军、监 15 顷，边远小州、上县 10 顷，中县 8 顷，下县 7 顷，转运使、副使 10 顷，兵马都监、监押、寨主、厘务官、录事参军、判司等职员，根据其通判、幕职的人数而平均供给。宋仁宗时曾罢免职田，后又恢复而重新作了规定，如大藩长

北宋使臣石像

吏 20 顷，通判 8 顷，判官 5 顷，幕职官 4 顷，等等。

宋实行外任官职田判度，无非是想使众官丰衣足食，以便使其廉洁、善政，但实际上各地职田数多与规定数额不符，贪官污吏非法多占，并采取重租、折变等手段勒索佃户，产生相反的结果。

宋设置市舶司

咸平二年（999）九月，真宗诏示在杭州（今浙江杭州）、明州（今浙江宁波）设置市舶司，让外来商客经营得到方便。

宋代国家相对稳定，封建经济获得一定的发展，各种商品交换也活跃起来，对外贸易也随之发达，泛海而来经营的外商日益增多。为了加强对外贸易的管理，咸平二年（999）九月，北宋政府在杭州和明州两个沿海港口设立市舶司。市舶司，又称市舶使司、提举市舶司，其官员有市舶使、市舶判官等，初期由知州或各路转运使兼职，最后因事务渐多而成为专职，掌管的主要事务有：收购海外舶来的货物，以资专卖或上缴；接待各国贡使，招徕外商，并对外商经营进行管理和监督；管理本国商船及海外贸易征税，等等。

杭州港和明州港是宋朝对朝鲜、日本等国贸易的主要港口，后随着海外贸易的不断发展，北宋政府不断在沿海口岸设置新的市舶司，到北宋末年已经增至6个，包括广州、泉州、密州和秀州，负责接待外商。到南宋，靠北的港口常受到金威胁，遂撤消，只设置广、泉、秀三个市舶司，另外在青龙镇、温州、江阴军另设立市舶务。

宋代市舶司（务）的设置，为外商活动提供了方便，也促进了本国经济的发展。而港口则大多选择在近海受潮汐影响而又能通航的河口港，为近代中国沿海通商口岸的形成奠定了基础。

黄居寀画花鸟

黄居寀（933～?），字伯鸾，黄筌的第三子，他是五代西蜀和宋初画院的山水、花鸟画家，孟蜀时曾供职画院，授翰林待诏，宋初进入汴京，宋太宗授其为光禄丞，备受青睐，在画院中地位甚高。他曾奉命收集，鉴定名画并负责审查画家的入院作品。黄居寀继承家学，画风、题材皆追随其父黄筌。

《山鹧棘雀图轴》，黄居寀画。

黄家父子工整精丽的画风主导了北宋前期100多年的画院花鸟画坛。

　　黄居寀画花鸟，妙得生动自然之态，他还擅长于画怪山石景，在蜀宫时曾"图画墙壁屏幢不可胜记"，他曾与其父合作《四时花雀图》、《青城山图》、《峨嵋山图》、《春山图》、《秋山图》等，并作为国家礼物赠给南唐。在北宋末年，宫廷内府还保存他的作品三百十二轴，绝大部分是以名花珍禽（如牡丹、海棠、桃花、芙蓉及锦鸡、山鹧、鹦鹉、鸳鸯等）为内容。但是，黄居寀的可靠传世之作，现在仅存有一幅，即《山鹧棘雀图轴》（绢本设色，纵90厘米，横55.6厘米，台北故宫博物院藏）。这幅画描绘水边石上立着一只山鹧，山鹧神态安祥自在，背景有山石及灌木，全图禽鸟用细笔勾勒填色，以朱砂画山鹧的喙和爪，羽毛则用石青画出，形象富丽醒目，生动自然。石头的皴斫则显示出作者山水画的功力。在图的上方有宋徽宗赵佶写的"黄居寀山鹧棘雀图"八个字，还保存着宋朝宣和内府的装裱式样。

柳开倡导古文运动

　　公元1000年，宋代散文家柳开逝世。

　　柳开（947~1000），大名（今属河北）人，开宝六年（973）考中进士，官至殿中侍御史。他为自己改名开，字仲涂，意为"开圣道之涂（路）"。他尊崇韩愈、柳宗元，曾名肩愈，字绍元，以示向韩愈看齐并继承柳宗元的古文。

　　柳开是宋代古文运动的先驱。他倡导复古，反对五代浮靡的文风，认为古文"非在辞涩言苦，使人难读诵之，在于古其理，高其意，随言短长，应变作制，同古人之行事，是谓古文也"（《应责》）；宣扬文道合一，"吾之道，孔子、孟轲、杨雄、韩愈之道；吾之文，孔子、孟轲、扬雄、韩愈之文也"；认为文与道有主次关系，"文恶辞之华于理，不恶理之华于辞也"，尤为强调道对文的决定作用。柳开的古文理论在一定程度上打击了宋初颓靡的文风，也是后来欧阳修诗文革新运动的先声。但他在创作实践上成就不高，他的古文也未能联系实际，"随言短长"，而不免有"辞涩言苦"之弊，因此影响不大。其代表作有《代王昭君谢汉帝疏》、《上窦僖察判书》等。所著《河东先生集》，有《四部丛刊》影旧抄本。

泉州古海港一角

宋角抵、手搏流行

　　角抵亦称"相扑"、"争交"和"角力"，从五代流行至宋代，并日益兴盛。

　　北宋时期，宋真宗曾因角抵活动发展迅猛且时有人受伤，而下令禁绝。但角力仍因其能"宣勇气，量巧智也。然以决胜负，骋骄捷，使观之者怯懦，成壮夫"而流行于城镇和农村。当时的京城瓦肆呈技艺中，已具有"小儿相扑"和成人"角抵"的内容，有人还因为"善角抵"名噪京城，可以说角抵活动在当时已以其独特的风格形式成为大众欣赏的对象。到南宋时，市镇角

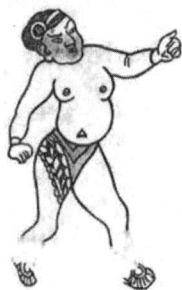

宋代相扑图壁画摹本（山西晋城南社出土）

抵活动中出现了"角抵社"和"相扑社",角抵活动的规模进一步扩大和发展。这些角抵组织中的成员都是职业性的"角抵手"。往往他们的名字就代替了他们的技术风格,如周急快、董急快、鲁长脚等。甚至妇女也有人加入"角抵手"的行列,如赛关索、嚣三娘等。

相扑活动的形式基本上可分成两大类:一类是正式争胜负的比赛,具有"打擂台"的意味。这类活动有些由政府出面组织,有些是民间自发组织。比赛的胜者可以赢得重奖、官职等利益。第二类是在瓦舍等游艺场所日常进行的表演性质的相扑,它没有很强的竞争性,主要以表演来娱乐群众。相扑的服装也沿袭汉唐以来旧制,双方上身赤裸,下身光腿赤足仅腰胯束短裤,头上梳髻不戴冠,有时也足穿靴或鞋。

"手搏"是使拳的一种形式,也就是拳家们放对。当时的手搏已是"肘"、"拳"、"脚"兼用,并有翻转的各种变化。从《史弘肇龙虎君臣会》中描写的:"二人拳手厮打,四下人观看。一肘二拳三翻四合,打到分际,众人齐喊一声,一个汉子在血泊里卧地。"从手搏场面中可以看出当时手搏在民间流行的盛况以及其技艺进一步向兼用多变的方向发展。

宋以前很少有关角力的专著。我国现存最早的一部角力专著是宋初调露子撰写的《角力记》。书中展现了源远流长的角力活动及其价值等,并对相扑、角权、角力等进行考证。《角力记》的问世是我国角力发展史上的一件大事,它对研究以及推动角力运动的发展具有深远的意义。

宋人使用火焰喷射器

早在西汉末年,中国人就发现并使用了石油。南北朝以后,就开始把石油应用于战争中的火攻;后梁贞明五年(919),首次出现了用铁筒喷发火油的"喷火器";这一切都为宋人的火焰喷射器奠定了技术和实践的基础。

北宋初年,随着火药用于军事之后,军队装备了一种结构更完善的火焰喷射器,当时人们称之为"猛火油柜",因为它是用猛火油作燃料的。

这种猛火油柜,根据《武经总要》的记载,形状是一个长方体的熟铜柜,下端有4个脚,上方则伸出4个铜管,管上横置一唧筒,唧筒通过铜管和油

宋代黑火药的主要成分硫、硝、炭。

炼丹引爆图。火药的发明与炼丹有密切的关系。在炼丹过程中常会发生爆炸，由此启迪，发明了火药。

柜相通，唧筒前部装有"火楼"，里面盛有引火药。

　　猛火油柜每次可注油3斤左右，发射时，先用烧红的烙锥点燃"火楼"中的引火药，然后用力推拉唧筒，向油柜中压缩空气，使猛火油自"火楼"中喷出，点燃成熊熊烈焰。猛火油柜可用以烧伤敌人，焚毁战具，水战时则可烧浮桥、战舰。

　　当时除猛火油柜以外，还有一种形状小巧的喷火器，是用铜葫芦代替笨重的油柜，便于携带和移动，这种小型火焰喷射器主要用于守城战和水战。

符箓派兴起新流派

　　宋代，道教符箓派继承以往正一、上清、灵宝三大教派，出现了神霄、清微、净明等新教派，新流派的特点是融冶佛儒，吸收内丹，兴起各种"雷法"。

　　符箓等派以符水治病、祈福、禳灾为职事，汉末以来长盛不衰，尽管常常显示出种种荒诞和糜费，但因为它的实用性而得到统治者的欢迎和民间的信奉。

江西龙虎山天师府

山东泰山玉皇顶

湖北武当山

正一道自北宋真宗时得到重视，第二十四代天师张正随被朝廷赐为"真静先生"，此后直到南宋末第三十五代天师张可大，代代天师都得到朝廷"先生"的赐号。张可大提举三山符箓，成为南方道教领袖。第三十代天师张继先，曾被徽宗多次召见和赏赐。他博学能文，以"本来真性"为成仙之本，主张通过"休歇"（即放下一切念头）来达到解脱，形成符派道教哲学。

上清派以茅山为据点，其宗师常被宋朝廷赐号封赏，第二十三代宗师朱自英曾被赐"国师"称号，第二十五代宗师刘混康受宠于哲宗徽宗两朝。

灵宝派擅长于斋醮祭炼，多在民间活动。北宋末年，分化出"东华派"，代表人物宁全真，常主持南宋朝廷醮祭之事，被封为"赞化先生"。

宋代新产生的教派以神霄、清微两大派为主。神霄派创始人王文卿是北宋末年道士，自称符法出自高上神霄玉清真王，由此命名教派。王文卿受宠于徽宗，被封为"金门羽客"，赐号"冲虚通妙先生"。神霄雷法在徽宗的倡导下，大为流行，影响到内丹南宗，又用内丹之学，建立了雷法的理论基础，认为内炼成丹，随意主宰身内阴阳与五气之交感，便能通达外界阴阳五气，达到祈雨求晴、消灾治病的目的。

清微派则自称法术出自上清微天元始天尊，其雷法名目繁多，法旨近于神霄派，只是所用符箓不同。代表人物黄舜申为集大成者。

符箓道教虽然历时数代不衰，甚至愈演愈烈，但其实质是夸大了人体的功能，给道教蒙上了一层更为神秘的面纱。

宋设立翰林医官院和太医局

宋代的医学在唐代的基础上有了进一步的发展，医疗管理制度和医学教育机构也进一步完善。

淳化三年（992），北宋政府设置翰林医官院，成为掌管医药卫生政令，负责为皇帝及其眷属治病的医药机构。作为翰林院四局（天文、书艺、图画、医官）之一的医官院（局），每天都要出一名"近上医官"值班，总领诸科医官以备应奉。政府对医官的选拔和考核是相当严格的。医官一般是 40 岁以上有经验的医生，经过各科专业考试合格后才能任用，而且录用后还要对医官定期考核，一旦发现成绩较差，则会被罢黜。如乾德元年（963），宋太祖赵匡胤命太常寺考核翰林医官，一次罢黜医术不精者22人之多，北宋这种严格的录用和考核制度，对提高当时医官的业务水平具有重要意义。北宋政府之所以要这样做，有着它特殊的原因，因为翰林医官除了对皇室负

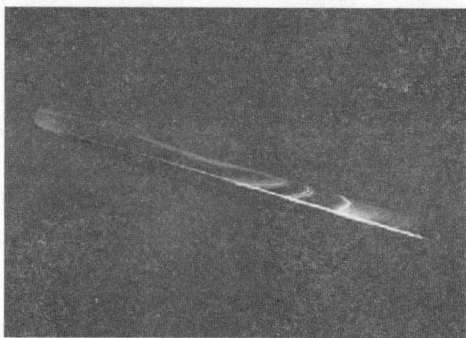
宋代外科手术刀——玛瑙刀

责医疗保健外，还常常要奉旨为大臣看病，或被派往军队、学校、少数民族地区甚至邻国担任医疗任务。从某种程度上讲，翰林医官代表着国家医疗界的最高水平。庆历四年（1044），北宋调往湖南的军队，正值炎热夏季，湿潮酷暑，使士兵多发疫病，当地医官又无能为力，宋仁宗就诏令医官院速派员前往诊视。嘉祐五年（1060），京城汴梁发生大疫病，贫民患者有许多为庸医误诊而死，宋仁宗就命翰林医官挑选名医出局赴救。

为了给国家培养更多的良医，以满足社会的需要，宋仁宗采纳范仲俺的建议，于庆历四年（1044），在太常寺设立术医局，作为专门的医学教育机构，由著名医家孙用和、赵从古等讲授医学。当时所讲授的课目有《素问》、《难经》、《诸病源候论》、《千金要方》、《补注本草》等公共课程，同时根据学生选学专业的不同，还要选修《伤寒论》、《针灸甲乙经》、《脉经》、《龙大论》、《千金翼方》等等。

太医局建立后，前往求学的人很多。嘉祐五年（1060），规定太医局最多不得超过120人。而且由于名额有限，招生条件也比较严格，考生必须在15岁以上，先到太常寺报告本人家世及履历，由召命官、使臣、翰林医官或医学一员做保证人，先旁听一年，经考试合格后，方才由太常寺发牒，成为太医局的正式学员。

元丰改制后，太医局隶属太常礼部。当时太医局员额增至300名。其中，大方脉科120人，风科80人，小方脉科20人，疮肿兼折伤20人，产科10人，眼科20人，口齿兼咽喉10人，针灸10人，金疮兼书禁10人。

王安石变法后，"三舍法"引入医学教育，太医局的学生分成外舍200人，

内舍 60 人，上舍 40 人。每月一次私考，每年一次公考，根据成绩，学员在三舍升降。太医局除强调医学理论外，还注重学生的实践能力。令他们轮流为太学、律学、武学的学生和各营兵士治病，以提高他们的实际医疗技术水平。北宋末年，政府明令：医学和太学律学、武学并列同等地位，不再为士人所耻，这就满足了医学生与儒生平等的心理愿望，对吸引儒者习医，提高医生队伍的文化素质，起到了积极作用。

1001~1010A.D.

宋朝

1001A.D. 宋咸平四年　契丹统和十九年

九月，宋修续通典及校定周礼等正义成。

十一月，宋兵大败契丹兵于威胜军，契丹退。

1003A.D. 宋咸平六年　契丹统和二十一年

契丹南侵，败宋兵于望都，俘大将王继忠。五月，李继迁侵西凉府，大败，因伤死，子德明嗣。

1004A.D. 宋景德元年　契丹统和二十二年

九月，契丹帝及太后大举侵宋，宋帝用寇准言，亲御契丹于澶州。契丹攻大名不克，旋陷德清军，围澶州，时宋与契丹已互遣使谈和，十二月议成，宋岁以银绢三十万予契丹，是为澶渊之盟。

1006A.D. 宋景德三年　契丹统和二十四年

十月，赵德明进誓表于宋，命为定难军节度使，封西平王。

1007A.D. 宋景德四年　契丹统和二十五年

宋命画工分诣诸路图山川形势，以备发兵屯戍及移徙租赋检阅。

昌南镇以烧影青瓷闻名，改名景德镇。

1008A.D. 宋大中祥符元年　契丹统和二十六年

《广韵》修成。

1010A.D. 宋大中祥符三年　契丹统和二十八年

九月，契丹册李德明为夏国王。

1001A.D.

中亚细亚伽色尼王马哈德大举攻印度，虏旁遮普王斋帕尔，而并其地。

1003A.D. 丹麦王斯汪（或作斯文德）为报复对丹人之屠杀，入侵英格兰。于征服英格兰后兼为英王。

1004A.D.

约自本世纪初起西欧各地之人开始使用姓氏。

1006A.D.

拜占庭舰队以比萨城之助，与阿拉伯海军大战于累佐海面（在意大利半岛足趾前），获得胜利。

1009A.D.

高丽内乱起，大将康兆举兵，拥立太祖孙询，是为显宗元文王。

越南自黎桓称帝至是凡二十九年，越史称为黎朝。

田锡另作《御览》

咸平四年（1001），田锡奏称以前所作的《御览》不够系统，于是另作《御览》。

田锡（?~1003），字表圣，原名继冲，嘉州洪雅（今四川洪雅西）人。自幼倾慕唐朝名臣魏征的品德和为人，他出仕为朝官以后，便时刻以魏征为榜样，以谏诤为己任，曾多次上书直言时政得失，指出朝廷的过错。

咸平四年，田锡向真宗赵恒上书，说以前写成的《御览》只是分门类记事，而没有作系统编撰，不便于阅读。自愿再去搜检四部，抄略所需资料，另外再著《御览》三百六十卷，备皇上日读一卷；同时采集经史子书籍中的精要之言语章句，编撰《御屏风》十卷，以帮助皇上总结治理天下的道理。不久，田锡就先呈上他另作的三十卷《御览》和五卷《御屏风》。1003年冬，田锡去世，《御览》并未全部完成。

宋置龙图阁

咸平四年（1001），宋设置龙图阁。

宋初沿袭唐代制度，在崇文院内建置史馆、昭文馆、集贤殿，合称三馆，分别执掌起草制诰诏书、整理典籍、编纂图书、教授生徒等工作，并有专门的官员担任官职，待遇优厚。

后来，宋又在崇文院内增建秘阁，另置官属，作各种专用。1001年，建置了龙图阁，专门负责收藏太宗御书、御制文集、各种典籍、图画、瑞祥之物，以及皇家寺院宗正寺里所进的宋氏宗族名册、谱牒等，类似于皇帝的个人图书馆。

龙图阁的官员职位，相继置有龙图阁侍制、龙图阁直学士、龙图阁学士、直龙图阁等，掌管阁内一切事务。因涉及皇帝，这种馆职要求很严，一般文士要经过考选才能授职。

龙图阁及其他秘阁和三馆总称为崇文院。

王禹偁改革文风

1001 年，宋代文学家王禹偁逝世。

王禹偁（954~1001），字元之，济州巨野（今山东巨野）人，是宋初唯一的从文学主张和创作实践两方面来反对当时诗文浮华作风的现实主义文学家。

王禹偁出身清寒，通过科举致仕，曾任左拾遗、右司谏等官职。他对社会的认识和在诗文方面的表现与那些为统治阶级歌功颂德、粉饰太平的御用文人截然不同。他为官清廉，提出了许多兴利除弊的政治主张；为人刚直敢言，不畏权势，以致 8 年内三度遭贬；为文则面向现实，感情真挚，言之有物，一反宋初诗文空洞艳冶之风。

为了革除文坛上从晚唐五代沿袭而下的种种流弊，王禹偁以复古传经为旗帜，提出了文章要"传道而明心"的理论主张。他强调取法韩柳，认为文章的功用不在于自娱消遣，而应该有补于世，要像古圣人那样为国为民"不得已而言"。为了达到这样的目的，在表现手法上，他提出了为文贵在"句之易道，义之易晓"，继承了韩愈古文"文从字顺"、明白流畅的基本作风。在艺术实践中，王禹偁身体力行，将"传道明心说"和"易道易晓说"发挥得相当成功。他的政论文《待院漏记》有强烈的政治使命感，借题发挥描写了"待漏之际"两种不同类型的官僚形象及其心理活动，规劝执政者要勤政爱民，表现了鲜明的爱憎感情和对国事的关切。写于贬官黄州时期的《黄州新建小竹楼记》最能体现王禹偁"易道易晓"的主张。文章意境耐人寻味：一方面，把廉价省工的竹楼描写得幽趣盎然，季移景易，冷暖皆宜；另一方面，在渲染谪居之乐的同时含蓄地表现出忿懑不平之心。文章以自然顺序结构，不枝不蔓；文字平易生动，多用排比，富于音调美和韵律感。

与散文创作上关注现实"多涉规讽"的主旨相应，王禹偁在诗歌创作上亦推崇"风骚"古道，成为宋代最早提倡继承杜甫、白居易反映民生疾苦的

文治盛世

北宋宦官立像（之一）

北宋宦官立像（之二）

乐府诗传统的优秀诗人。他致力于把诗歌从晚唐浮薄之风的影响中引向现实主义的道路，自称"本与乐天为后进，敢期子美是前身"。他的诗歌有比较深刻的社会内容，能够体察民生疾苦，揭露现实黑暗。如《对雪》、《感流亡》等诗，以深厚的同情描写了当时农人、士兵、饥民的苦难境况，表现了对国事民生的责任感，并且严于针贬自身，与杜甫的《三吏》、《三别》及白居易的《秦中吟》的风格一脉相承。这些诗多采用古体长篇，缘事而发；单行素笔，不事雕琢；直抒胸臆而不刻意描写，已初步表现出宋诗散文化、议论化的特征。几度遭贬的仕途坎坷，使王禹偁笔下也出现了一些抒发人生感慨、描写山水风景的诗篇。

《新秋即事》以"石埃苦竹旁抽笋，雨打戎葵卧放花"自况身世际遇；《村行》中的"万壑有声含晚籁，数峰无语立斜阳"融情入景，流露出一种惆怅、无奈的心情。这些小诗笔调清丽洗炼，颇有情趣。王禹偁还善于从民歌中汲取营养，丰富自己创作的思想艺术性。如他学习商州的民间歌唱，写下《畲田词》五首，洋溢着劳动者集体互助的乐观气氛，富于清新活泼的民歌风味。

王禹偁以诗文创作的理论和实践影响了宋初的文坛，成为后来诗文革新运动的前驱。

宋始置经略使

经略使设置始于唐贞观二年（628），置于沿边重要地区，是边防军事长官，后多由节度使担任。宋于真宗咸平五年（1002）正月，以右仆射张齐贤为邠、宁、环、庆、泾、原、仪、渭、镇戎军经略使，节度环庆、泾原路及永兴军驻泊兵马，宋专设经略使自此始。以后，经略使逐渐成为陕西、河东、广南等路长官，而总一路兵民之政，往往的经略安抚使为名，由各路帅府之知州、知府兼任，并兼马步军都总管。经略使官不常置，其官署称经略使司或经略司。

宋真宗诏购逸书

　　北宋咸平四年（1001），集贤院主持收藏、校勘典籍的官员李建中言太清楼丛书中存有谬误，宜重加校订。十月，真宗阅览太清楼群书书目，果然发现其中缺失不少，遂下令收购史馆、昭文馆、集贤院、秘阁等官府藏书处所缺藏的书籍，每卷付值千钱，卖书上三百卷者，可量材录用。

宋建安魏县尉宅校刻本《尚书》

文治盛世

宋淘汰冗吏

北宋建立以来，各级官府的办事人员增加很快，劳民伤财，成为宋政府的一大负担。为减轻这种负担，咸平四年（1001），朝廷派遣使者到各地减省闲杂吏人，各路共计裁减冗吏195802人。咸平五年，又因陈兵边境，供馈繁重，因而命河北官员减少费用开支及民间输运。同年五月，冯拯等上奏称共减去河北勾当京朝使臣、幕职75人。但宋代冗官冗吏的问题始终没有得到真正解决，成为宋朝积弱的一个重要因素。

宋取士三千余人创科举史记录

据统计，两宋300多年间，共取士约11万人。按平均每年取士人数相比较，皆数倍于唐、元、明、清各朝。宋初时，科举取士人数，每榜一般30、50人。太平兴国二年（977），扩大取士人数，该榜取士500人。此后日渐增多，景德二年（1005）三月，一榜取士达3049人，创造了科举史上取士的最高纪录。

宋代及第举人的待遇非常优厚，不但有皇帝临轩唱名，闻喜宴集等荣耀；而且未出官先释褐，及第即赐绿袍、靴、笏，登科者（前四甲）一般都不必守选，不必像唐代那样再经过吏部考试，当年即可授与一定的官职，宠幸异常，前代未有。

宋辽和睦·设市贸易

宋、辽自澶渊之盟缔结后，双方都采取了一些措施，互致友好，宋、辽在此后106年内未再发生大规模战事。

宋、辽原先在边境地区设有互市市场即榷场，专设有官员监督贸易和收

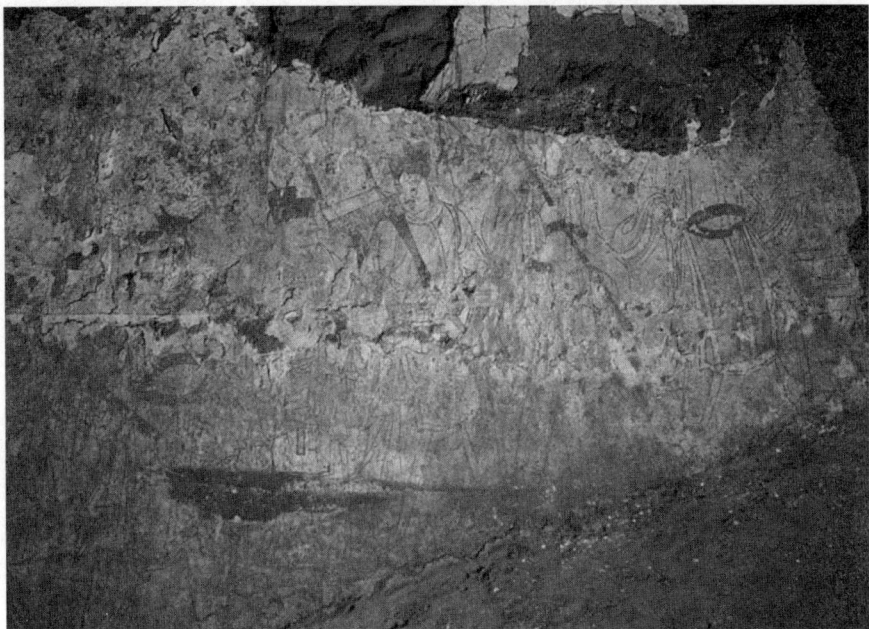

辽墓画中的汉人执事

税，商人入场贸易，须交纳商税、牙钱。宋辽边境冲突激烈时期，榷场贸易多停废。景德二年（1005）、辽统和二十三年二月，辽再置榷场于振武军（今内蒙和林格尔北），以羊及皮毛换取宋地绢绸，彼此互利。同时，宋在雄州（今河北雄县）、霸州（今河北霸县）、安肃军（今河北徐水）开放榷场，双方都采取了一些管理榷场的措施，互致友好表示。

除此外，景德二年二月，宋还命开封府推官、太子中允、直集贤院孙仅担任辽国母生辰使，出使辽，受到极好的礼遇。十月，又派支判官、太常博士周渐为辽国主生辰使，职方郎中、直昭文馆韩国华为辽国母正旦使，盐铁判官、秘书丞张若谷为辽国主正旦使，并对使节携带礼品名目等作了具体规定。十一月，辽圣宗耶律隆绪也遣使者贺宋真宗赵恒生辰。自此后百余年间，宋、辽双方基本保持一种和平友好的关系。每年双方互派使臣交贺"生辰"、"正旦"；若旧君死亡、新主登位，则又有"告哀使"、"告登宝位使"的派遣，对方亦有"祭奠使"、"吊慰使"、"贺登宝位使"的报聘。宋辽双方的和睦相处，为双方的经济、文化发展及互相交流创造了条件。

契丹大举南攻·澶渊之盟订立

景德元年（1004）闰九月，契丹圣宗与萧太后率兵20万大举南下攻宋。以统军使萧挞凛、奚六部大王萧观音奴为前锋，兵分两路侵犯威虏军（今河北徐水西）、顺安军（今河北高阳东），被宋将魏能击败。22日，萧挞凛与圣宗、太后合兵攻定州（今河北定县）。宋将王超等陈兵唐河，按兵不动，辽军气势更加高涨。北方州县频频告急，宰相寇准请宋真宗亲临澶州（今河南濮阳附近），真宗犹豫不决，令朝议此事。参知政事王钦若密请真宗南下金陵（今江苏南京）；签枢密院事陈尧叟则建议起驾到成都；寇准坚请立即亲征，真宗最后采纳另一宰相毕士安亲征当在仲冬的建议行事。

十月，辽军攻保州（今河北保定）等地不克，转攻瀛州（今河北河间），太后、圣宗亲自击鼓助战，辽军阵亡3万余人，终未攻取，不得不撤军。萧挞凛率师攻下了祁州（今河北安国）。

十一月，辽将耶律课里败宋军于洺州（今河北永年东），萧观音奴等攻克德清军（今河南清丰），宋真宗在宰相寇准等极力促使下，终于决定亲征，其车驾到卫南县（今河北长垣北），辽师进逼澶州，从三面围城。宋将李继隆等分伏强弩，控制要害。辽将萧挞凛自恃骁勇，以轻骑临阵督战，被宋军弓箭射中而死，辽军气势受挫。宋真宗一行自卫南向澶州进发，先驻澶州南城，后到达北城，并登上城门楼，张插黄龙旗，宋军士气大振。

至此辽军损兵折将，再加上孤军深入，难以在战场上达到目的，宋朝则急欲辽撤兵，不敢与辽军决战，因而双方互派使者，加紧议和，经过几次交涉，双方于景德元年（1004）十二月立下盟约：宋辽约为兄弟之国，辽主称真宗为兄，宋尊萧太后为叔母；宋每年给辽绢20万匹、银10万两，称为"岁币"；双方各守现有疆界，不得侵轶，并互不接纳和藏匿越界入境之人。另辽撤军时，宋军不得沿途进行袭击。互换誓书后，辽军撤退，宋真宗亦回京师。因该盟约订立于澶州城下，史称澶渊之盟。

澶渊之盟缔结后，宋辽之间106年内不再有大规模的战事，为双方的经济、文化发展及相互交流缔造了条件。

天台宗兴起山家山外之争

宋代佛教中，天台宗由于从海外寻回大量的该宗文献，引发了佛学界对天台宗理论的兴趣；天台门内一批有影响的高僧又发生了"山家"与"山外"的争论，成了除禅宗之外另一个较活跃的流派。

天台宗师承严密，宋代开创者羲寂到天台山国清寺投入清竦门下，学习中他深感天台文献残缺不全，在他的倡议下，吴越王钱俶派人到日本、朝鲜等国寻回了不少天台文献，此事被佛家称为"去珠复还"。天台宗从此中兴。羲寂之徒义通是高丽人，他以一个外国人的身份而成为中国佛学一代宗师，他的两位高徒遵式和知礼在天台宗的重兴工作中也起了很大作用。遵式特别强调真如与诸法互为缘起，提出了"性心一体"的观点，表现出天台理论与禅宗理论的融汇。他除了理论著作，还写了大量"忏仪"，如《金光明忏仪》、《大弥陀忏议》等。一生多次主持念经"拜忏"，真宗专门诏请他入京，可见他地位之高。知礼则主要宣扬天台宗"一念三千"、"圆融三谛"等思想。心、色、佛是圆融三谛，本质无二。迷悟善恶，亦因观法不同，其本性不二。他对这些思想加以发挥后得出了"性具善恶"的"性恶论"，在以后佛学界引起很大争议。

悟恩是天台宗志因的弟子，他作《金光明玄义发挥记》，其中对天台宗祖师智𫗧《金光明经玄义》有独特的理解。由此导致了"山家"和"山外"之争。悟恩门下源清、洪敏、庆昭、智圆等与知礼及其弟子反复辨难，在佛学界引起一场轩然大波。

智𫗧《金光明经玄义》有广、略两个版本，悟恩的《发挥记》所注的是略本，其中只对法性问题叙说较详，而对天台"五重玄义"中的"观心"问题则没有专门讲述。按悟恩的想法，诸法实相可以直接观，不必通过观心一节。他认为广本中所讲"观心"是后人误加的，《玄义》当以略本为主。这种观点一提出，立刻遭到知礼的反对。他认为悟恩有偏，有教而无观，违反了天台宗教、观并重的宗旨，他以广本为主作《扶宗记》，大讲观心，认为必须把

要观的道理集中到心上来观。这一思想与知礼、遵式一派坚持的"心性不二"的思想是一致的。知礼的书一出，又遭到悟恩一门的反对，庆昭、智圆合著《辨讹》反对知礼。他们认为：观心虽然应该，但观法即观心，知礼离开观法而观心，是"妄心观"，而他们自己依法观心，是"真心观"。真心、妄心之说源于华严宗以如来藏为真心二门的旧说，知礼由此认为庆昭等受了其它宗派的影响，故贬为"山外"，自己则是坚持天台正宗的"山家"。以后知礼与悟恩一派往复著书辨证5次，持续长达7年之久，最后庆昭等人不再作答，知礼认为对方理屈，自己获胜，便于景德三年（1006）总结了10次问答，集为《十难义书》2卷，又作《观心二百问》，对"山家"观点大肆宣扬。知礼一系后来成为天台嫡系。

宋行封禅尊孔

封禅为古代帝王祭天地的礼仪活动。同辽等兵革相加的边境局面结束后，宋朝国势趋于平稳，王钦若为了排挤宰相寇准，诬言澶渊之盟为莫大耻辱。寇准遂被罢相，而宋真宗也常为难以洗刷城下之辱而快快不乐。王钦若等迎合真宗想建大功业的心理，力作圣人的神道设教的舆论鼓动。景德末年，宋廷始言封禅事。既而真宗诈称天书降，改元大中祥符。大中祥符元年（1008）

宋代岱庙天贶殿巨型壁画《泰山神启跸回銮图》

四月，正式议定行封禅，诏以当年十月有事于泰山，又命枢密院事王钦若、参政知事赵安仁同为封禅经度制置使，权三司丁谓掌度封禅所需粮草，王旦等主持有关的礼仪。大兴土木，修筑道路，建立行宫，东行泰山封禅的各类准备活动由此全面展开。

大中祥符元年十月，真宗一行自开封经澶州（今河南濮阳）至泰山。王钦若等献上泰山芝草38200本，接着举行庄严隆重的封禅，先享天上帝于圜台，再禅祭皇地祇于社首山。之后又进行祭孔活动，真宗新谒孔子庙，加谥孔子为玄圣文宣王。十一月回京，前后47天。又诏自今祭告天地、社稷、宗庙、岳渎，其后土亦致祭。十二月，命丁谓、李宗鄂编修《封禅记》。次年正月，真宗召辅臣至内殿朝拜天书，后每年若此。自封禅还后，满朝文武官员争相献贺功德，真宗则大行赏赐，举国若狂。此次封禅共耗费去830余万贯，成为民众的沉重负担。

杨亿编《西昆酬唱集》

宋真宗景德二年（1005）到大中祥符元年（1008）之间，杨亿、钱惟演、刘筠等一批文士奉诏在内廷藏书的秘阁编纂类书《册府元龟》。修书制造之余，他们从前人作品中撷拾"芳润"，作诗消遣，并与其他一些未参与编书的文人互相唱和，得诗近250首。杨亿将这些诗编辑成集，并以藏书之地，将诗集名之为《西昆酬唱集》。

北宋初年社会环境趋向稳定繁荣，统治阶级为了粉饰太平，有意提倡诗赋。宫廷中每有庆赏宴乐，贵族府第也时有文酒之会，君臣唱和之风颇盛。这时期的文坛上承晚唐五代的浮靡遗风，时逢北宋王朝点缀升平的需要，于是出现了片面追求声律谐调和词采华美的倾向。《西昆酬唱集》集中体现了当时诗风，影响宋初诗坛数十年的"西昆派"即由此得名。

杨亿（974~1020），字大年，是"西昆派"诗歌的主要作者，建州浦城（今福建浦城）人，文名早播，特别受朝廷赏识，曾任翰林学士兼史馆修撰，官至工部侍郎。由于他和《西昆酬唱集》的其他作者，多为馆阁之臣，在书本知识和词章修养上已经超过了晚唐五代的许多作者，加上其诗风迎合了北宋

王朝的需要，故《西昆酬唱集》能够风靡一时。这些诗作主要有以下几方面的内容：最多的是咏物诗，大体都是先有命题，再堆砌典故而成，缺乏真情实感，内容单薄。如杨亿的《泪》，全诗叙事、写景都有出处，但缺乏内在的感情联系。其次是吟咏前代帝王或宫廷故事，某些篇章隐含一定的讽喻意义，如《始皇》、《汉武》。还有一些作品反映了官僚们流连光景、优游时光的日常生活，如《夜宴》、《直夜》等。虽然"西昆派"标榜师秉李商隐，但实际上他们只是片面地发展了李商隐诗歌创作中典雅精丽、委婉深密的形式美。他们多采用五、七言近体，声律谐和，对仗工稳，便于互相唱和；堆砌典故，铺陈词藻，有以学问为诗的倾向和浮艳之风，缺乏真切充实的生活感受。由此可见，内容空虚而形式考究成为"西昆派"的特征。以《西昆酬唱集》为代表的"西昆派"诗风在宋初诗坛上占了主导地位，以至有"杨、刘风采，耸动天下"之说。

《广韵》编成

宋朝实行科举制度，以诗赋取士，因此，作为科举考试用韵标准的官修韵书应运而生。宋真宗大中祥符元年（1008），陈彭年、邱雍等人奉诏修成《大宋重修广韵》一书。因为这部书是增广《切韵》而成的，所以称《广韵》。

在此之前，所有的韵书都出于私人著述。《广韵》则是皇帝命令大臣们集体编写的，是法定的国家韵书。因此，《广韵》作为我国第一部官修韵书，在音韵史学上具有重要地位。

《广韵》的编写质量也比一切私人韵书高，它是《切韵》系韵书的集大成之作。《切韵》一书问世后，屡经增补修订，而成《唐韵》。直到《广韵》，才对这些著作作了全面总结。《广韵》将《切韵》的193部扩大到206部，韵目次序排列更整齐，增收了大量单字，注释也更丰富。全书共收录了26194个字，注释文字达191692个字，它保存了丰富的声韵学材料，文字训诂亦多可取，体制犹如一部按韵排列的同音字典。宋代知识分子把它当作通用的字典，后人更常把《广韵》、《说文解字》和《尔雅》三书并称，作为我国古代字书中三大系统的代表。自《广韵》一书刊布以后，以前的韵书就不再流行了。

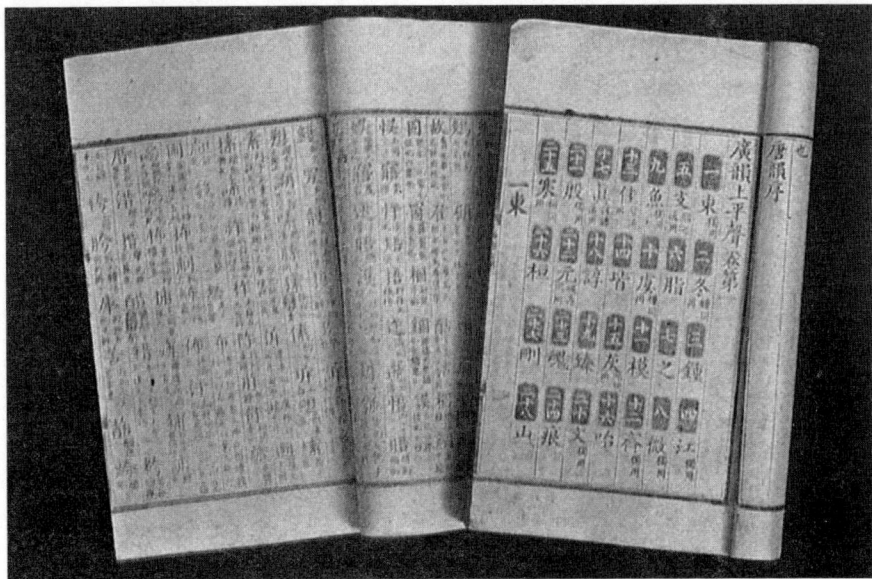

《广韵》明刻本

　　《广韵》是我国完整保存至今的最早的韵书，它继承了《切韵》、《唐韵》的音系和材料，而这两部书又已亡佚，因而《广韵》也就成为研究汉语古音的重要材料：不仅是研究中古音的重要依据，也是上探古音、下推现代语音的桥梁和纽带。陈澧作《切韵考》依据的是《广韵》，瑞典汉学家高本汉研究中国隋唐时代《切韵》所代表的中古音，依据的也是《广韵》，由此可看出《广韵》一书的重要。

伊斯兰教兴盛于海港城市

　　两宋时期，伊斯兰教的传布几乎与中国同阿拉伯人的贸易发展同步进行。当时中国的海上对外交通和贸易日益发展，阿拉伯商人纷纷来华，有些人长住不归，并成了巨富。在广州、泉州等沿海城市娶妻生子，逐渐华化。他们衣装与当地人不同，饮食习惯则已基本中国化，只是不吃猪肉。他们带来了伊斯兰教信仰，在所居地建清真寺，向真主礼拜。如广州的怀圣寺、扬州太

始建于北宋大中祥符二年（1009）的泉州清净寺，是仿照大马士革的礼拜寺建造的，是中国现存最古老的清真寺之一。

平桥之寺、海南"番神庙"等都是当时的伊斯兰教寺院，当时称为"礼堂"、"祀堂"、"礼拜堂"等。

泉州是宋代四大商港之一，穆斯林商人较多，清真寺也很集中。圣友寺建于宋大中祥符二年（1009），建筑式样是中世纪伊斯兰教传统形式。清净寺建于南宋，是我国现存最早的伊斯兰教建筑之一。"清净"二字后来演变为"清真"，即伊斯兰教称颂真主"清净无染，真乃独一"之意。

富有而友好的阿拉伯穆斯林，有的出钱资助城市建设，被宋朝朝廷任命为朝官或节舶使。他们的商业活动促进了中外文化、经济交流，中国四大发明被他们带到欧洲，阿拉伯的天文、历法、航海、地理、医药成果也随他们大量传入中国，丰富了中国的文化内容。他们所在地形成"蕃学"，教阿拉伯子弟读书，活跃了教育气氛。海外贸易与关税也增加了国库收入，如南宋高宗时市舶收入每年高达二百万贯。另外，宋代阿拉伯人驻华，与华人通婚，促进了回回族的形成，对中国经济、文化各方面都起到不可低估的作用。

宋制浑仪

宋代，天文仪器浑仪的制造达到数量多、水平高的程度。

现在我们所能目睹的宋代浑仪是明代钦天监依照宋代浑仪古制由皇甫仲和等人仿制的。整个浑仪气势庄严凝重。仪器下部是四条昂首向天的铜龙托起整个仪器。仪器上部，圆环相套，浑然一体。圆环上有精密的刻度，轴承联接，使里面的四游仪和三辰仪可在固定于外的六合仪内自由旋转，通过望筒所指，记下恒星在天穹上的位置。它将浑天说的精髓凝聚于上，十分形象而具体地表达了天球观念，并且是极为实用而耐久的天文测量仪器。与测量浑仪配合使用的仪器是转动浑象，宋代也有很高水平的作品。例如太宗太平兴国四年（979）正月，司天监学生张思训创制一台漏水转浑象，高达一丈多，用水银作动力，一方面因水银比重大，可使动力水车上的戽斗减少体积；另一方面因水银冬日不凝冻涩滞，又使仪器冬夏运行一致，减小了误差。据《宋史》记载，它是再现张衡古仪的成功之作。民间天文学家张思训自是晋升为司天浑仪丞。另一名民间天文仪器制造家韩显符，于宋太宗至道元年（995）

年底也制成一座供测量使用的铜浑仪，他因此升任司天秋官。1010年，他又造出一台教学用的浑仪，并改任司天冬官正。

宋制浑仪有两个显著特点：第一是制造的数量多，第二个重要特点是水平高，技术进步，改进和更新多。这一特点是中国古代天文仪器制造达到高峰的标志。例如1051年制成的皇祐浑仪就不再把时间刻在地平环上而是刻在固定的赤道环上，不仅反映出宋人已认识到天体东升西落的运动所反映的时间变化在赤道上，而且浑仪成了也能检验刻漏是否准确的测时仪器。宋制浑仪都不置白道环，一方面反映出计算技术的进步，能从月亮的赤道度数或黄道度数推算出白道度数，另一方面简化了仪器结构，减少了环多遮挡之累，这些都是十分出色的革新。

浑仪是从天文学角度表现中华文明特征的最具代表性的天文仪器。宋代浑仪更是古代天文测观仪器的园圃中一朵灿烂的奇葩。

国子监藏书十万余

景德二年（1005）五月一日，宋真宗赵恒视察国子监书库，询问书板数量，国子监祭酒邢昺回答说：国初不及四千，目前已十余万，经史正义全都具备了。在此之前，宋真宗曾阅太清楼书目，见缺者甚多，于咸平四年（1001）诏天下馆阁广购逸书，并严加校订，对没有印板的经史书籍重新刊刻，以致经史典籍的流布相当普及，一般的读书人乃至百姓家都藏有。至宋大中祥符三年（1010）时，宋真宗也已称"今学者易得书籍"。可见其时刊刻书之多。

宋农业产量增加

宋代，农作物品种增多，不少地方都根据气候、土地、水利等不同条件和不同需要培育和引种了许多作物品种。还广泛种植生长期短的早熟品种，以实行一年两熟和轮作换茬。通过因地制宜地选择种植不同品种的作物，提高了农作物的产量。

宋代农耕图《耕获图》，绘有耕田、耙地、灌水、收割、打场、
舂米、入仓及堆草等场面。

　　宋朝由于农作物一年两熟、二年三熟等情况的普遍存在，复种指数明显
提高，单位面积产量也得到提高。北宋时期，两浙、福建沿海及广南等地种
值双季稻，其他地区也多实行间种套种，有些地区还实行两年三作制。南宋
时，稻麦倒茬已得到比较普遍的推广。淮河以北地区的粮食亩产量一般为谷
2~3 石、米 1~1.5 石；淮河以南地区则一般为谷 4~6 石、米 2~3 石。在中国历
史记载上最高的亩产量是两浙路、江南东路地区的圩田（围田）的丰收年景
亩产量可收获谷 7 石。据计算，宋代一般土地平均粮食亩产量约为中国战国
时期亩产量的 3 倍，约为唐代亩产量的 1.5 倍。

　　宋代农作物产量的增加，与当时肥源的扩大和粪肥的适当应用，以及农
业劳动生产率的显著提高，都有很大关系。

蜀锦宋锦交相辉映

　　宋代纺织业比较发达，纺织品名目繁多，色彩艳丽，其中较引人注目的丝织品是锦。

　　宋代最有名的锦有两种，一是四川生产的蜀锦，二是苏州、湖州、杭州等江浙一带生产的所谓"宋锦"。蜀锦、宋锦各呈异彩，交相辉映，成为当时人们极其喜爱的精品。

　　蜀锦历史较为悠久，汉代时蜀锦是经显花的，唐以后，因长时期互相交融，其固有特色已经很少。至宋时，蜀锦的地位重又突出。据《蜀锦谱》载，宋代蜀锦也曾仿造过湖州的染织法，而织造"真红湖州大百花孔雀锦"；"四色湖州百花孔雀锦"、"二色湖州大百花孔雀锦"；南宋蜀锦已达40多种，其图案有写实的山水、花鸟、人物、禽畜；有写意的瑞草云鹤，还有传统的狮子戏球、天马行空、百花孔雀等图案。蜀锦由于织造华美，绚丽多彩，而

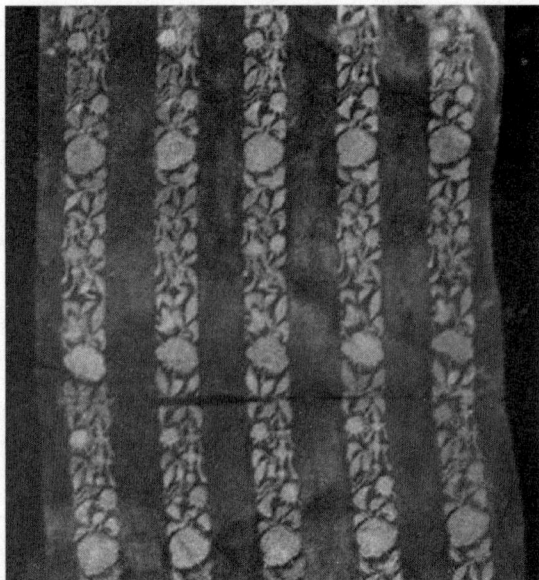

宋印花彩绘芍药璎珞花边

与定州缂丝、苏州苏绣一起成为宋代纺织品的三大名产。

宋锦是宋代时才开始盛行的，它采用了一种精密细致的"三枚斜纹地"，经线分面经和底经两重，面经用本色生丝，底经用有色熟丝，纬用多种色彩的练丝。以底经作地纹组织，面经作纬线浮长的"结接经"。这种结构继承了唐以来的纬锦织造技术，用彩纬加固结经，形成纬三重起花。宋锦的织造完全体现了中国本民族的风格，而不像唐锦那样带有异国情调。它以几何纹为骨架，组织规则严整，在几何骨架中又穿插些写生花鸟、龙凤、三友、暗八仙等祥瑞图案，虽不象唐锦那么活泼，却更显严谨规范。它的色彩也不像唐锦那么华丽，而是多用中性偏冷的颜色，既鲜明又调和，形成沉静典雅的色调；纹样也不如唐锦大，而是纤小繁复，主要有八达景、龟背纹、锁子纹、万字纹、流水纹、古钱纹等。总之，宋锦简洁疏朗、秀丽典雅，具有很浓重的民族风格，对明清的织锦影响很大。

超新星爆发记录

宋真宗景德三年（1006），在豺狼座爆发的超新量，是历史上极为壮观的一次爆发，这颗星最亮时达到 $-9^m.5$ 星，大约是满月亮度的十分之一。

宋代对这次超新星爆发作了极为珍贵的记录。其中以真宗景德三年三月乙巳（1006 年 4 月 3 日）和五月壬寅（5 月 30 日）两次记录最为详细。当时对该星的记录是"状如半月，有芒角，煌煌然可以鉴物"，并记载该星在当年十一月仍然可以看见。

宋代还记录了 1054 年的超新星爆发。此次爆发，世界上只有中国和日本有记录，而中国的记录最为详细。当时记录有："宋仁宗至和元年五月己丑（1054 年 7 月 4 日），客星出天关东南，可数寸，岁余稍没。"其亮度曾达到 -5^m，共存在了 21 个月。这次记载使我们得到一个极为珍贵的科学资料。现在在这颗超新星爆发的地方，可以看到一个美丽蟹状星云，里面呈蓝色光辉的弥漫星云，外面交织着一些红色的纤维。20 世纪 40 年代末，发现它还是一个强电源。60 年代发现其中央区域还辐射强 X 射线。60 年代末，发现它还辐射红外线和 γ 射线，同时中央有一颗脉冲星，也就是中子星。这个事实告诉我们，有一类超新星爆发后，会遗留下中子星。金牛座蟹状星云正是 1054 年爆发的那颗超新星的遗迹。正因为如此，宋代有关超新星记录留下的十分丰富的天象资料，是宝贵的科学文化遗产，至今受到世界天文学家的注意。

诸神逐渐定形

　　流传于民间的道教神祇，有自然神、英雄神、文化神、守护神、行业神和功能神等等。道教诸神有些起源很早，在唐宋时代经改造和重新产生，神的体系逐渐定形。

　　雷公是中国古代神话传说中的司雷之神，又称雷师。《太平广记》谓雷公有兄弟五人，是谓五雷。即天雷、地雷、水雷、神雷、社雷。雷公的画像

财神

财神爷。图中财神手持"天官赐福"，左有"利市僊官"，
右有"招财童子"，说明财神既管发财赐福，又要管生
意兴隆。

文财神范蠡

好像力士，左手引连鼓，右手推椎，若击之状。

门神是中国古代神话传说中司门之神。《礼记·丧大记注》有"礼门神"之说。汉时的门神指神荼、郁垒。后世所绘门神，神荼为白脸，喜相；郁垒为红脸，怒相。

唐代门神改为秦叔宝、尉迟敬德。宋之后，门神愈益多样，有将军、朝官、爵鹿、蝠喜、宝马、瓶鞍等。

灶君是中国古代神话传说中主管饮食之神，亦称灶王。灶神的来由，众说纷纭。一说颛顼氏有子名黎，为祝融火正，祀为灶神。一说炎帝作火，死而为灶。灶神的姓名传说不一。祭灶的时间，历代不同。先秦为孟夏祀灶；汉代为腊日（冬至后第三个戊日）祭灶；晋时于腊月二十四日祭灶。梁时十二月八日为腊日，以豚酒祭灶。唐宋以后，俗定腊月二十三或二十四祭灶。灶神的职司也有变化。晋代有传说，月晦的夜晚，灶神上天去告发人间的罪状，称罪大者夺纪，纪三百日，小者夺算，算三日。旧时人家，多供奉灶神于灶台。上天之日，多供以饴糖，希望能粘封其口，不让灶神上天告发。除夕之夜，迎其下降，供奉迎送，以祈"上天奉善事，下地降吉祥"。

财神是中国旧时民间供奉的招财进宝之神。俗祀财神为赵公明，或称赵公元帅、赵玄坛。民间也有分文武财神的。武财神即赵公明，神像为头戴铁冠，一手举铁鞭，一手持翘宝，黑面浓须，身跨黑虎，全副戎装。俗以三月十五日为神诞而祀之。文财神传为春秋战国时的范蠡。范助勾践灭吴后，改名易姓，理财致富，号陶朱公，商贾多崇奉之。还有奉关帝为财神的，多为合伙经商者信奉。也有奉五路神为财神的。旧时民间奉祀财神，或于正月初去财神庙敬祀，或在家迎接财神帖子，或在店堂迎接人扮的财神登门。

土地神是中国古代神话传说中的村社守护神，古称社神。《诗经》、《礼记》、《孝经纬》中都有祭祀社神的记载，据《夷坚志》载，有普净寺僧，得沈约所赠墓地为寺，供奉沈约为土地神。六朝以后，有的地方将当地名人死后祀为土地神，祭奉不绝。旧时各地多设小龛，内塑白发黑衣老翁，伴以老妪，称之为土地公公、土地婆婆，年节奉祀，以祈保四方清静，五谷丰登。

城隍是中国古代神话传说中的城市守护神。古代建国，范土为城，依城凿池曰隍。城隍之名，即本于此。祭祀城隍，由来已久。六朝时，郢城有祠，俗号城隍神。《梁武陵王纪》记有烹牛祭城隍神事。宋后奉祀越演越烈。各

武财神关羽

处城隍神，多是死去名人，如苏州祀春申君、镇江奉纪信。

药王是中国古代或传说中的名医，后演化为神。主要有：一是神农；二是扁鹊。河南郑州城北有药王庄，传为扁鹊故里，立有药王庙，专祠扁鹊为药王神。常于农历四月二十八日祀之。道教尊扁鹊为灵应药王真君；三是孙思邈，俗尊其隐居故里五台山为药王山，并立庙塑像以奉祀。

瘟神是中国古代神话传说中主司瘟疫之神，又称疫神、瘟鬼、疫鬼。隋开皇十一年（591），出现了五瘟神，即春瘟张元伯、夏瘟刘元达、秋瘟赵公明、冬瘟钟仕贵、总管中瘟史文业。当年瘟疫盛行，隋帝立祠并封五瘟为将军。隋唐时，皆于五月初五祭之。历代都有逐瘟神、送瘟神的事。旧时江南，有纸船明烛送瘟神的习俗。

蚕神是中国古代神话中的司蚕神，又称蚕女或马头娘。战国荀子《蚕赋》作句："身女好而头马首"，蚕马始相连属。晋后，蚕马仙化说广为流传。唐宋后，蚕神又成为乘云驾马的九宫仙嫔。后世宫观塑蚕神为女像，披马皮，称马头娘，俗称马明王，"用以祈蚕事"。

文昌，又称文曲星或文星，原为古代对斗魁六星的总称，后被道教奉为掌人间士人禄籍之神。传说它生于周初，经七十三化，晋末降生，名张亚子，玉皇大帝命其掌文昌府和人间禄位等。旧时士人多崇祀之，以为可保功名。

关帝，道教奉为降神助威的武圣人，又称关公、关圣帝君。原为三国蜀汉刘备的武将，姓关名羽，字云长，蒲州解良（山西临猗）人。传说死后，头葬在河南洛阳，身葬在湖北当阳玉泉山，世人感激他的德义，岁明奉祀。宋代始流传其应龙虎山张天师之召，现形御前，降魔伏怪的显灵故事。宋徽宗于崇宁元年（1102）追封忠惠公，宣和五年（1123）封义勇武安王。

妈祖，原为中国东南沿海民间传说中的女神，道教奉为航海保护神。古称天妃、天后或天上圣母，沿海俗称妈祖。传说她能通变化，驱邪救世，乘席渡海，云游岛屿，人呼龙女。又传她常朱衣翻飞海上，父老即其地而祠之。又说天妃是妙行玉女降世，三月二十三日为诞日。神通广大，救死扶危。人们买卖求财、种作经营、行兵布阵，只要心诚意笃，往往遂心如愿。因而备受敬奉。其庙遍于东南沿海和台湾，尤以台湾为多。神像为珠冠云履，玉佩宝圭，绯衣青绶，龙车凤辇，佩剑持印，前呼后拥，有千里眼、顺风耳从事。旧时航海，船上多供奉其神像。

宋小景山水画繁荣

北宋在盛行千山万壑的全景山水和寒林树石平远山水的同时，还有另一种以画溪塘、汀渚、雁鹜、鸥鹭为题材的充满诗意的小景山水画。小景山水不同于全景式山水，它截取自然景观中平淡无奇却赏心悦目的部分，以细笔尽情描绘出诗境，代表人物是惠崇、赵令穰和王诜等人。

僧人惠崇，福建建阳人。生活在宋代前期，能诗善画，尤工小景，善为寒汀远渚潇洒虚旷之像。惠崇的小景山水常于江岸水滨点缀自由翔止的禽鸟，因而《图画见闻志》将他归入花鸟门。他的画平淡清新，富有诗意，情境交融，别具一格。在他的《春江晓景》上，苏轼欣然命笔，写下"春江水暖鸭先知"的名句。传为惠崇的《溪山春晓图卷》生动地画出江南三月的明媚春光。河岸水边春柳随风摇曳，桃花映水而开，鹭鸶水鸟在水上栖止飞翔，溪中还泛有扁舟，具有浓郁的抒情色彩。

赵令穰，字大年，开封人，为宋朝宗室，其活动年代在宋神宗、哲宗之时。他家庭生活优裕，仕途平坦。所作画大多是小轴，非常清丽可人，米芾在《画史》中说他"雪景类世所收王维，汀渚水鸟有江湖意"。他还仿效过苏轼画过小山丛竹，也很有意趣。但赵令穰恪守皇家法规，足不出户，每年只在清

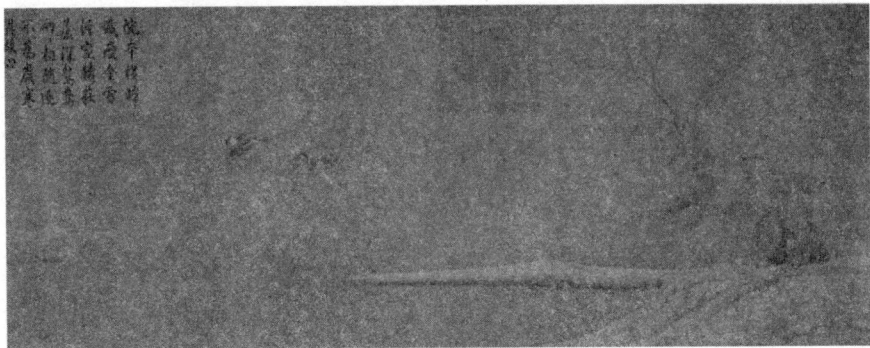

《芦汀密雪图》，梁师闵画。

明赴巩县拜谒祖陵时才有机会往返京洛一带，所以所画的大多是这一地区的景物，每有新作问世，人们往往开玩笑说："此必朝陵一番回矣！"（邓椿《画继》卷二）传为赵令穰所作的《湖庄清夏图卷》，画的是荷塘垂柳，烟树迷离，板桥小径，茅舍幽居，画面上虽无高山巨壑，却也发掘出平凡景物之美，反映出他对宁静萧闲的生活状态的追求，整幅画行笔设色，清丽优雅。

王诜，字晋卿，太原人，英宗时为驸马都尉。一生仕途坎坷，但在被贬均州时期，有机会饱览京外雪景、寒林、幽谷等世谷风景。因此，所画山水多为烟江远壑、柳溪渔浦、晴岚绝涧、寒林幽谷、桃溪苇村等"诗人难状之景"。

在宋一代，还有一些以画小景山水见长的画家，如梁师闵等，他的《芦汀密雪图》画江南雪湖中的水禽，笔迹清润，令人心爽。

宋话本小说兴起

宋代出现了一种新的文学式样——话本小说，话本小说从口头文学底本整理演变而来，与传统的讲唱文学有直接关系。传统讲唱文学兴起于唐朝，现存的《庐山远公话》、《韩擒虎话本》、《叶净能话》就是唐朝传留下来的话本。到了宋代，商品经济进一步繁荣，城市人口增多，市民阶层得到壮大，市民们对文化娱乐要求日增，就刺激了各种演唱技艺的发展，除歌楼酒馆之外，当时的瓦肆对民众最具吸引力。其中"说话"是人们喜闻乐见的节目，宋代的说话艺人班底壮大，还结有书会，"雄辩社"等组织，交流技艺、刊辑话稿，所以，话本小说在宋代很快兴起。

说话分为四种：小说、讲史、讲经、合生或说浑话，其中小说和讲史最有影响。在现存的书籍中，《清平山堂话本》和《京本通俗小说》是小说家话本集，《五代史平话》和《宣和遗事》是讲史家话本集，都分别是宋代话本小说和讲史的集大成者。

《清平山堂话本》是小说家话本集，明代洪楩编印，原名《六十家小说》。清平山堂所刻话本中《简帖和尚》、《西湖三塔记》、《合同文字记》、《柳耆卿玩江楼》、钱曾《述古堂书目》（抄本）都曾列入"宋人词话"，作为宋代小说家话本。

《京本通俗小说》是小说家话本集，其中《碾玉观音》、《西山一窟鬼》、《错斩崔宁》3篇，冯梦龙曾认定是宋代小说话本。

《宣和遗事》是讲史家话本，一名《大宋宣和遗事》，全书内容，都出于宋人的记载，反映了汉族人民爱国抗金的思想感情。

《五代史平话》是宋代讲史话本，原题《新编五代史平话》。北宋时东京有专讲《五代史》的艺人严常卖（《东京梦华录》），现存话本虽刻印时代较晚，但大致还可以看出宋代所说《五代史》平话的概貌，但有些地方透露不一定是宋代刻本。

另外还有一本《大唐三藏取经诗话》，诗话体的话本，描述唐僧玄奘取经故事，后来相继出现的《西游记平话》和章回小说《西游记》就是在此书的基础上演变发展而成。

宋代的话本小说是说话的一种书面总结表达方式，说书艺人为博得听众喜爱，调动了许多艺术手段为之服务，比如在正式开讲之前吟诵几首诗词，或讲一两个小故事，这种在正式演说之前的插曲叫"入话"，在对人物、环境和事件进行细致描绘时往往用韵文，起渲染烘托、承上启下或赞评作用，全文结束处有收场诗，总结主题，多带规劝训诫之意，长篇故事分成数次来说，开了后来章回小说的先河。

话本小说具有很高的艺术成就，而作为一种新式的文学体裁，特别在创作方法和白话语言的运用上，很多话本小说能真实入微、引人入胜，话本小说大多能以巧妙的布局、波澜起伏的发展过程来打动人。话本小说不仅描绘人物的外貌特征，而且善于把人物放在摄人心魄的故事发展过程中加以表现，以环境描写、心理描写、对话等手段使人物具有立体感，带有典型性。话本小说所用的白话语言达到了高度成熟的地步，它基本上以当地的口语为主，准确生动，而又通俗自然，其表现力是典雅的文言难以达到的。

宋代话本小说的大发展，是中国小说史上重要一环，它那现实主义和浪漫主义结合的创作精神，给后人极大启发。

徐崇嗣创"没骨法"

徐崇嗣是著名画家徐熙的孙子，代表着徐派的绘画风格。沈括在《梦溪笔谈》中比较徐、黄绘画风格的差异时说：诸黄（黄筌及其子居宝、居寀）画花，妙在赋色，用笔极新细，几乎看不见墨迹，只以轻色染成。徐熙以墨画之，殊草草，略施丹粉，神气迥出。黄家父子是宫廷画家，多写禁御所有珍禽瑞鸟、奇花怪石，而徐熙为江南处士，放达不羁，多状江湖所有汀花野竹，水鸟渊鱼。黄家富贵，徐熙野逸，徐、黄代表宋代花鸟画的两种不同画风。

徐崇嗣的生卒年无从考，据说北宋灭南唐之后，徐崇嗣即携画入北宋画院，他的野逸的画风不适合宫廷的需要，受到以黄居寀为代表的富贵画派的排斥，不得不改学黄筌画法，以迎合宫廷趣味。他又自创"没骨法"，施色柔美精丽，与黄家父子不相上下。他不用笔墨勾勒，只以丹粉点染而成，被誉为"古今之绝笔"。但是沈括却认为"其气韵不及熙甚"。由于徐崇嗣至今无真迹传世，所以无从知其详细。不过他的"没骨法"在宋代花鸟画坛还有一定影响。据说，北宋著名的工笔花鸟画家赵昌设色法学的就是徐崇嗣的"没骨法"。

《湖庄清夏图》，赵令穰画。

宋朝

1012A.D. 宋大中祥符五年　契丹统和三十年　开泰元年月。

五月　宋就福建取占城稻种给江淮、两浙三路种植之。

1014A.D. 宋大中祥符七年　契丹开泰三年

九月，敌烈部反契丹。契丹攻高丽。

1015A.D. 宋大中祥符八年　契丹开泰四年

正月，契丹攻高丽，不利。

十二月，宋以崇文院秘阁藏书遭大火，命官提举钞书。

1016A.D. 宋大中祥符九年　契丹开泰五年

宋修两朝国史成。

1017A.D. 宋天禧元年　契丹开泰六年

五月，契丹又发兵攻高丽，败还。

1018A.D. 宋天禧二年　契丹开泰七年

正月，宋荆湖大寒，永州大雪六日。

四月，吐蕃贡于契丹。

九月，契丹括马给东征军。十月，契丹复攻高丽；十一月，契丹战不利，大掠而还。

十二月，高丽大败契丹兵。

1019A.D. 宋天禧三年　契丹开泰八年

六月，宋河决滑州，泛澶、濮、郓、徐、齐五州。

十二月，高丽王询请和于契丹，许之。

张君房历时七年编成道藏。

1014A.D.

神圣罗马帝国亨利最后击败阿尔多伊诺，加冕为皇帝，意大利与日耳曼重复归于一统。

卡纽特（大王）嗣丹麦王位，是为丹麦之最盛时期。至1035年其逝世时止，丹麦之版图包括挪威、英格兰与瑞典一部，史称第一个"北方帝国"。

1018A.D.

伽色尼王马哈德大举进攻北印度的伽诺间城（即曲女城），保加利亚第一帝国自此亡。

1019A.D.

诺夫哥罗德亲王雅罗斯拉夫（外号智者，佛拉基米尔幼子）获得最后胜利，迁都基辅，成为大公。

1020A.D.

波斯诗人非尔都细（约940~1020年）卒。其所作史诗"沙拉玛"，歌泳波斯民族（伊朗民族）之民族英雄与民族传说。

姚铉编《文粹》

姚铉（968~1020），宋庐州（今安徽合肥）人，字宝之，太平兴国进士，北宋古文运动倡导者之一，官至两浙路转运使。善文辞，富藏书。大中祥符四年（1011），采唐人诗文纂为100卷，名《文粹》（今称《唐文粹》）。书分古赋、乐章、歌诗、赞颂、碑铭、文论、箴议、表奏、传录、书序等十余类。书前有编者自序，称以古雅为命，推崇韩愈、柳宗元之文。其诗文主张，与穆修、柳开相呼应，开宋代古文运动的先声。全书去取较为严谨，为萧统《文选》以后的又一总集。

宋设置礼仪院

唐设有知礼仪院、礼仪使，建中以后，只在郊祀暂置，事毕即停。宋初以礼院掌其事，雍熙元年（984）议封禅，曾命学士、常参官详定仪注，事后即罢。大中祥符元年（1008）四月置起居院详定所，命学士、待制与判礼院官详定仪注。六年（1013）八月，改详定所为礼仪院，掌依典礼裁定行礼所用仪仗、法物等制度，多以参政知事为判院，以学士、丞郎、诸司三品以上为知院。天圣元年（1023），废礼仪院。

保国寺大殿开建

保国寺在今浙江宁波市西，大殿为寺内现存最早的主要建筑，是江南罕见的木构建筑遗物。建于宋大中祥符六年（1013），面阔 3 间，计 11.91 米，进深 3 间，计 11.35 米。大殿柱和内额为七辅作双抄双下昂单拱造，内柱不等高，用以小拼大的"包镶作"和以四块同样大小的木材榫卯而成的"四段合"

宁波保国寺大殿

方法制成。整个建筑保留了部分唐代风格，是研究宋代木结构建筑发展、演变的珍贵实物资料。

玉清昭应宫建成

　　大中祥符初，宋真宗下诏在京城开封营建道教宫观昭应宫。初议修宫时，大臣多认为建宫所需费用太大，不可为，丁谓则执意劝说真宗，终决计建造。于是，以丁谓为修宫使总领其事，开始了规模巨大的营建工程。为了建此宫，在各地征调能工巧匠、精选土木，每天役工34000人，日夜兼程修筑。七年（1014）十月，玉清昭应宫落成，宫宇总共2610楹，原计用25年，实际七年遂成。参加修筑的工匠、军校被赏赐的有900余人。

荣王元俨宫失火·宋宫藏书尽毁

大中祥符八年（1015）四月，宋真宗子荣王元俨宫发生火灾，历时一天。大火蔓延焚毁了内藏左藏库、朝元门、崇文院、秘阁等，两朝所积的财赋、藏书烧毁殆尽。真宗下罪已诏，并命参知政事丁谓为大内修茸使，主持修复工作。此后另建崇文外院，重新抄写书籍。大中祥符八年（1015）十二月，真宗命枢密院使、同平章事王钦若总管抄写校勘阁馆书籍，翰林学士陈彭年副之，并铸印给之。又令吏部铨选慕职、州县官有文学者赶赴三馆、秘阁校勘书籍。又出太清楼书籍，招募笔工二百余人抄写，并募民间书籍卖于官府者，验真本付其值，得书籍18700余卷。所抄书籍，须几经点校，凡校勘官校毕，送覆校勘官覆校，再送主判馆阁官点检详校，再由覆点检官复加点检。

宋恩荫开始

大中祥符八年（1015）正月，宋真宗赵恒定承天节、南郊奏荫子弟恩例。宋代恩荫之滥自此始。

宋代恩荫名目繁多，如官员每逢承天节（真宗生日）时奏荐亲属补官的圣节荫补，上至宰目、使相，下至带职少卿监、诸州刺史等，均可以奏补子孙弟侄为东头供奉官至三班借职。

此外，有中高级官员每逢郊祀、明堂大礼的奏荐亲属补官的大礼荫补；有中高级官员退休时奏荐子孙弟侄补官的致仕荫补；有中高级官员去世前遗表奏荐子孙弟侄及门客等人补官的遗表荫补，以及中下官员因死于王事而奏荐子孙弟侄补官的死事荫补等等。

恩荫补官的人数众多，据统计，有宋一代平均每年以各种恩荫补官者，超过500人。这一数字远远超过了平均每年由科举入仕者。

由于这些凭借父祖恩荫补官的纨绔子弟养尊处优，不学无术，甚至文不能识字，武不能射箭，其素质低下显而易见。这也是造成有宋一代官员冗多泛滥的一个主要原因。

茶成为生活必需品

宋代，政府对茶树种植大体采取支持、鼓励的态度，士大夫中间存在着斗茶的风气，茶不但产量高，而且品种多、工艺精，当时，茶已经成为人民的生活必需品。

茶的种植与采摘在宋代有明显发展。宋代茶的产区大体遍布淮河以南的广大地域。福建茶在宋代受到推崇，官方曾在建安(今福建建瓯)北苑设官茶园。建安一带官私茶园密集，有茶焙1336处。两浙等路在茶产量上更胜一筹，两

宋代斗茶图，人们通过烹茶、饮茶、品茶和斗茶来比试自己茶道的高低。

文治盛世

《卢仝烹茶图》，钱选画。

浙路共十二州，州州产茶。其中，湖州的紫笋、常州的阳羡以及绍兴的日铸茶，都是茶中极负盛名者。淮南路也是北宋时茶的重要产区，其榷买（征购）数曾达800万斤以上，约居全宋的三分之一。湖北路在北宋时期产茶也较多，仁宗后期实行通商茶法，向茶农征收茶租，全宋共征收约40万贯，鄂州（今湖北武汉）一州的征收额便达3万余贯。南宋时期，临安府、两浙路严州（今浙江建德）的岁课茶各超过200万斤，都是当时课茶额最多的州府之一。南宋时的宁国府（今安徽宣城）、江州（今江西九江）岁课茶各100多万斤，徽州（今安徽歙县）、隆兴府（今江西南昌）岁课茶各200多万斤，也都是当时产茶最多的州府。隆兴府的双井等茶更是享誉颇高的茶中精品。四川在北宋前期产茶数量较少，到南宋时期，成都府路和利州路的课茶数竟然超过了南宋其他各路课茶数的总和，四川雅州（今四川雅安）产的蒙顶茶也是当时的名茶之一。

茶叶是宋代主要禁榷商品之一。北宋初期，全宋官方每年共榷买茶2306万斤，到宋真宗大中祥符八年（1015），年榷买茶增加到2906万斤，南宋孝宗统治时期，全宋年课茶已达到3866万斤。

宋代茶由园户种植，有的园户拥有茶山，有的只有茶园几亩。采茶与制茶一般都由农民来完成，而名贵茶叶的制作则向专业化方向发展。

黄河决于滑州

天禧三年（1019）六月，黄河在滑州（今河南滑县）城西北天台山旁决溢，又于城西南溃决，摧毁堤岸700步，河水漫溢州城，泛滥澶（今河南濮阳附近）、濮（今山东鄄城北）、郓（今山东东平）、济（今山东济南）、徐（今江苏徐州）境内，注入梁山泺；又南流，合清水、古汴渠东入于淮河，30余座州邑遭罹水患。

这是继太平兴国八年（983）黄河决于滑州韩村以来，第二次南流夺淮。宋真宗遣使发兵9万人，并付诸州大量薪石、楗橛、芟竹治河。次年二月堵住了决口。后仅4个月，黄河又决于滑州天台山下，走卫南（今滑县四间房），泛滥徐、济，仍夺淮水入海，其害益甚。

直到7年以后，才堵塞决口，使黄河重归旧道。滑州河决，南流夺淮而形成的流路，对金、元两代黄河主流南下的趋势有所影响。

张君房编道籍

张君房，安陆（今属湖北）人，景德进士，官至尚书度支员外郎、集贤校理等职。大中祥符（1008~1016）中从御史台谪官到宁海（今属浙江）。时真宗崇尚道教，将秘阁道书发付杭州，令戚纶校正，戚纶推荐张君房主持其事。于是张君房取朝廷所降道书及苏州、越州、台州等地旧道藏，同道士 10 人从事修校。天禧三年（1019），编成《大宋天宫宝藏》七藏，共 4565 卷，用千字文编号，从天字到宫字，得 466 字以为函目。又取其精要，包括宗教宗旨、仙真位籍、斋戒、服食、炼气、内外丹、方术以及诗歌传记等万余条，辑成《云笈七签》122 卷。均有功于保存古代道教典籍。

刘益创正负开方术

刘益，中山（今河北省定州）人，生活于 11 世纪初。他的《议古根源》是一部从讨论几何问题着手探求高次方程数值解法的专著，今已失传。幸好南宋数学家杨辉的《田亩比类乘除捷法》征引其中的 22 个题目，故今人得以有幸略知一二。杨辉说："刘益以勾股之术治演段锁方，撰《议古根源》二百问，带益隅开方实冠千古"。

高次方程数值解法是我国古代传统数学领域中最为引人注目的内容之一。刘益所创正负开方术，一言以蔽之"引用带纵开方正负损益之法，前古之所未闻也"，刘益假定方程首项系数均为 1，并且考虑了许多含有"负方"或"益隅"的方程。即形如 $X^2-AX=B$（A>0,B>0）或 $-AX^2+BX=C$（A>0,B>0,C>0）。刘益解决方程的方法主要有两种："益积术"和"减从术"。以二次方程为例：$X^2-AX=B$（A>0,B>0），又设经试商已得到根的第一位得数 a，于是以 x=a+y 变换上述方程得：$(a+y)^2-A(a+y)=B$，将这个方程展开后有两种表示方法：$y^2+2ay-Ay=(B+Aa)-a^2$ 或 $y^2+[(a-A)+a]y=B-(a-A)a$。刘益称第一种表示方法为"益积法",第二种表示法为"减从法"。这两种方法看来并无本质区别,但在处理具体问题时采用不同方法更为简练。

刘益在高次方程理论上的成就还在于,他认识到二次以上高次方程可以有不止一个正根(当时只取正根)。用代换法,将原高次方程变换为不同的方程式,逐一求根,则可以得出不同的正根,它们均为原高次方程的值。杨辉所引的 22 个问题中,有 7 个方程有多个正根。刘益根据实际需要,时而求出大根,时而求出小根,说明他对这一问题有明确认识。

刘益所创正负开方术,突破了以往方程系数仅为正数的限制,提出"益积法"和"减从法"来解决高次方程数值问题。这是中国方程发展史上一项重要的成就。

张君房算潮汐

张君房在祥符(1008~1016)中,经常到海边观察潮汐起落。他发现唐代窦叔蒙制定的《涛时图》有很多不当之处,有必要加以改正。原窦叔蒙的图表横坐标是依次罗列:朔、上弦、望、下弦、晦等各种月相,张君房将之"分宫布度",即以黄道十二宫为准,把横坐标改变为以月亮在黄道上的视运动度数。窦氏图上的纵坐标是用子、丑等十二时辰表示,再分出初、正、末三小段时间,如初子、正子、末子等,张君房则改为"著辰定刻",即把每天分为100刻,从36个时刻点扩大为100个时刻点,这就把时辰划分得更为详细。张君房推算出潮时每天推迟"三刻三十六分三秒忽",即 3.363 刻。如果计算出一次潮时,下一次潮时就准确地知道了。

潮汐理论的进步,对沿海居民出航、捕鱼、生产、生活以及抵御自然灾害都起到了积极作用。

宋代《卖眼药》图，表现了剧目演出时的场景。

范仲淹《渔家傲》开新词风

范仲淹（989~1052），字希文，苏州吴县（今属江苏）人。北宋政治家、军事家、文学家。真宗大中祥符八年（1015）登进士第。宋仁宗时官至参知政事（副宰相）。他在陕西守卫边塞多年，西夏不敢来犯，说他"胸中自有数万甲兵"。在政治上主张革新，并提出过十项改革方案，但为守旧派所阻挠，未能实行。是故请求外任。

在文学方面，他也提出不少新颖的观点，主张"应于风化"。他传下来的诗词只有六首，其中的《渔家傲》突破了词限于男女、风月的界线而开创了新的词风。这首词是他在西北负责抵抗西夏入侵时，在军旅中作的。词中表达了作者决心捍边御敌的英雄气慨，同时也反映了作者思念家乡的情绪以及战士们生活的艰苦性，格调苍凉悲壮、慷慨激越，与那些靡丽的闺怨词形成鲜明对比。

范仲淹像

097

宋瓦市勾栏流行

瓦市是宋代大城市里娱乐场所的集中地，又叫瓦舍、瓦肆。勾栏是宋、元时戏曲及其他伎艺在城市中的主要演出场所，也叫勾阑、构栏。瓦市勾栏的出现，在我国文艺发展史上具有重大意义，使戏剧及新兴文艺有了固定的演出阵地。

北宋时的瓦市内设酒家荣肆，与青楼妓馆连属，百行麇集。南宋时，瓦市还能印行说话底本与歌曲小令。瓦市内搭有许多棚，棚内设有若干勾栏，数目不等。汴京（今开封）桑家瓦、中瓦、里瓦设大小勾栏50余座，演出杂剧及讲史、诸宫调、傀儡戏、影戏及杂技等各种伎艺，可容纳观众数千人，各种伎艺几乎都有自己的专用勾栏。勾栏内设有戏台和观众席。戏台高出地面，台前两端及左右两侧设置栏杆。戏台的前面为表演的地方，后面是休息、化妆场所，前后台之间用屏风之类的东西隔开。

两宋京师瓦舍勾栏均受官方辖制。绍兴间，因为许多军队官兵都驻扎在城外面，于是就建立瓦舍，设妓馆，作为他们的娱戏地方，许多富家子弟和平民阶层也到此寻欢作乐。

瓦舍勾栏使戏剧及其他伎艺集于一地，互相交流与提高，促进了戏剧的形成与发展，适应城市商品经济的发展及人民的需求，是戏剧成熟的重要标志之一。

宋租佃关系主宰农村

宋代以前农村的社会关系是以庄园制度、农奴制度为主。到了宋代，一种进步的制度取代它们而占主导地位，这就是租佃制度。

宋代租佃制度的主导地位，是由于生产力的发展促使土地所有制新格局的形成而得以确立的。鼓励和支持私人对土地的占有，允许土地自由买卖，原则上不限制个人占有土地的数量，对土地兼并采取放任态度。有钱人便把土地作为财富增值的可靠手段，竞相购买土地。各地都有一些拥有巨额土地的大地主，如北宋太宗时官员麻希梦有"美田数百顷"。徽宗时佞臣朱勔，有田3000顷。并且由于宋朝废除了世卿世禄制，官僚地主普遍是三世后衰，土地所有权频繁转移，相互兼并。其结果是"富者连阡陌，贫者无立锥之地"的两极分化。

土地所有制的这种结构，使得农村形成了地主阶级和佃农这两大主要阶级。地主阶级约占农村总人口的5%，而拥有的土地却占全部耕地面积的半数以上。这些地主自己饱食终日，却完全脱离生产，他们以地租收入为主要经济来源，称之为租佃地主，与前代农奴主对农奴有人身隶属关系不同，他们对佃农的经营很少干预，只是对佃农进行经济剥削。佃农是农村客户的主要部分，约占农村总户数的三分之一，在某些地区占总户数的一半以上。佃农没有自己的土地，其他生产资料往往也不齐备，这些都需要向租佃地主租用，他们只能取得土地上收获物的半数以下，生活困苦。佃农与地主大体是一种契约关系，佃户可以选择地主，地主也可以更换佃户，他们间的关系不是很稳定。

农村社会中也有自耕农、半自耕农。自耕农耕种自己私有的土地，同时部分租佃地主土地者称半自耕农。自耕农、半自耕农是一个极不稳定的社会阶层。灾荒、疾疫、事故等都可能使他们贫困至丧失土地而沦为佃农或无业游民。另外，沉重的赋税和徭役也常常使他们破产。因此他们实质上是佃农的"后备军"。

宋代的租佃制度在当时的历史条件下，是一种进步制度。在租佃制度下，佃户尽管有沉重的负担，但他们基本上摆脱了地主对生产过程的粗暴干涉，获得了经营自主权，不再在地主的直接监视和鞭打下从事生产，与农奴比，佃户生产的积极性显然要高得多。因而对社会生产力的发展有促进作用。租佃关系反映佃户在宋代的法律地位上较农奴有显著的提高。北宋初法律规定，地主打死佃户，将判死刑。宋代地主与佃户之间的主仆关系是临时性的，即只有存在租佃的契约时才存在，契约一旦解除，主仆关系就随之消失。

宋代租佃地主与佃户之间的关系主要是一种契约关系，这种契约关系基本内容主要包括两方面：一是租佃的土地具体位置及数量，二是地租偿纳方式和数量。地租主要有分成租、定额租两类，以分成租最为流行，其中又以主佃各半的对半分最为常见。田租征收以实物为主。

　　宋代租佃关系的产生，适应了社会生产力的发展，主宰着当时农村社会，形成了典型的封建社会的生产方式，是社会历史进步的一个表现。

宋铜钱鼎盛

　　宋代是中国历史上铜钱铸造量最大的时期，铜钱鼎盛起来。

　　宋代主币铜钱的币材是铜铅锡，随着铜钱的大量铸造，相应地，铜铅锡的开采和冶炼都远远地超过了前代。元、明两代和清代大部分时间里的铜铅锡年产量，也都未能赶上宋代，铜铅锡的大规模开采和冶炼，反过来又促进了铜钱的盛行。

　　宋代最重要的铜产地有韶州岑水场（今广东翁源境内）、信州铅山场（今江西铅山境内）、潭州永兴场（今湖南浏阳境内）等。岑水场

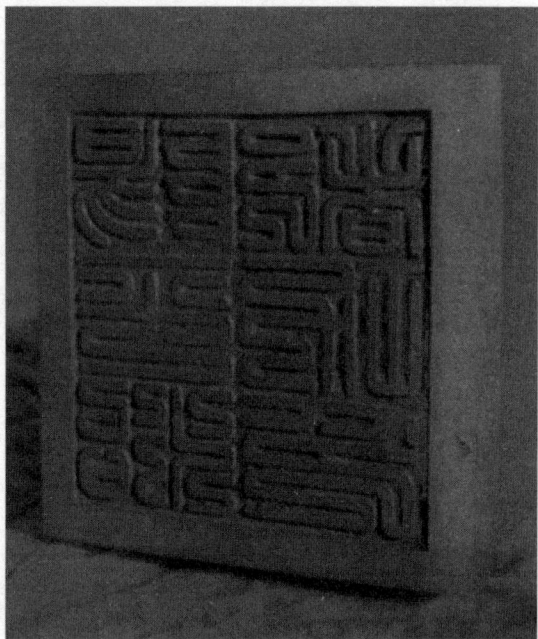

江西龙虎山天师府法印，是道教世代相传的法印。图为金代"阳平绍都功印"。

和铅山场采矿、冶炼的工人最多时均达到 10 万人以上，产铜最多的年份曾达数百万斤。永兴场规模稍微小于岑水、铅山场，但是产铜最多年份也超过了 200 万斤。这三场同时又是胆铜重要产地，年生产能力各曾达数十万斤。

　　宋朝铜的大规模开采和冶炼，也使两宋私造铜器现象严重。宋朝实行铜禁，即严禁私人铸造铜器及贩运铜器出境，凡是民间所需铜器，按规定一律向官

宋代未有统一的铜铸币制度，皇帝每改一次年号，都要铸新币，造成宋币名类繁多。
如"宋元通宝"、"大观通宝"、"崇宁通宝"、"重和通宝"、"淳熙元宝"等。

方开办的铜作务购买。但是，民间造铜器禁而不止，有些地方如北宋的太原府等均能制造精美铜器，并且还将不少铜制器远销海外各国。

宋代，除了主币铜钱外，还有重要辅币—银。银矿在宋朝也得到大规模开采，银产量随之增加，银作为铜钱的补充，在人民生活中广泛应用。

宋磁州窑代表民间陶瓷技艺

磁州窑是宋代北方民间瓷窑之一，以釉下彩绘著称。其产品纯供邻近地区民间使用，针对购买力不同的消费对象，磁州窑产品主要分为两类：一类是质量较差、价格较低的粗瓷；一类是质量较高、加工较细或艺术性较强的瓷器。磁州窑以后者驰名于当时，这类磁瓷畅销北方广大地区，并对南方地区一些瓷窑产生较大影响，形成了以磁州窑为首的磁州窑体系。

宋瓷以单色釉瓷（青瓷、白瓷、黑瓷）为主流，釉下彩绘影响虽不及单色釉瓷大，但也在唐代的基础上向前发展了一步，为我国瓷器由单色瓷为主向彩绘瓷发展打下了基础。磁州窑之所以能够成为宋代北方民间瓷窑的代表，首先在于它烧出了具有浓郁的民间生活气息的釉下彩绘，这是磁州窑的代表产品。磁州窑的工匠们深谙艺术来源于生活的道理，有意识地把当时当地人

宋代瓷枕

的日常生活中喜闻乐见的事物，予以艺术的概括，用纯熟而又简炼的笔墨在瓷坯上加以表现。面对这类瓷器，人们不仅对装饰题材倍感亲切，而且还获得了艺术享受。其次，磁州窑装饰手法多种多样，在北方民间磁窑中可谓首屈一指，其以釉下彩绘为代表的装饰风格新颖独特，极大地丰富了宋代瓷器的装饰艺术，把我国陶瓷工艺引入了新的境地。

磁州窑釉下彩装饰手法极为丰富，以白地釉下黑花最具代表性，还有白地赭花、黄地黑花、绿地黑花、剔花、划花、点彩、珍珠地等十多种，图案多为花草、鸟兽及反映当时生活风俗的人物小品，如马戏图、戏熊图、钓鱼图、婴戏图、蹴球图、莲塘赶鸭图，还有诗句书法等，

磁州窑梅瓶

构图丰满，线条流畅，气势磅礴，意趣横生，充分体现了民间艺术朴实健康、生机勃勃的情趣，同时也触发了宋代文人写意画的灵感，是中国陶瓷史上的一朵奇葩。

除烧釉下彩外，磁州窑还创烧出了中国最早的釉上彩，即红绿彩，在白瓷釉上用红、绿等色彩彩绘，再经低温烧制即成红绿彩。釉上彩多画花鸟虫鱼，寥寥数笔，色彩浓艳，也颇具民间艺术生动活泼、自由奔放的风味。宋代红绿彩开中国瓷器釉上彩绘之先河，为明清釉上五彩发展做好了准备。

103

　　磁州窑瓷器流传下来的比较多，也极为珍贵。如河北省出土的钓鱼枕，画面着墨不多，但生活情趣盎然，非常惹人喜爱。画面突出一男孩执竿垂钓，两鱼正争食鱼饵，男孩儿聚精会神，双目凝视，准备扬竿提线；水面只画三条水波，显示出河水的平静；河边地上点缀几丛野草，笔墨不多，却形神毕肖，由此可见画师高超的绘画水平。这件磁枕以娴熟的艺术技巧，运用先进的彩釉技术来表现浓厚的生活情趣，正是磁州窑瓷器典型风格的代表作。

　　磁州窑瓷器民间色彩浓郁，虽然一直不为士大夫阶层赏识，宋代文献对它甚至只字不提，一直到明代初期才有记载，但其在中国陶瓷史上的地位和影响都是客观存在的。

宋朝

1022A.D. 宋乾兴元年　契丹太平二年

二月，宋真宗死，太子祯嗣，是为仁宗，太后刘氏同听政。

1023A.D. 宋仁宗赵祯天圣元年　契丹太平三年

宋改茶法。

三月，宋行崇天历。

寇准去世。

1024A.D. 宋天圣二年　契丹太平四年

宋修真宗实录成。

十月，宋始令诏书摹印颁行。

1026A.D. 宋天圣四年　契丹太平六年

二月，契丹略女真界，俘获不可胜计。

1027A.D. 宋天圣五年　契丹太平七年

四月，宋校定医书，摹印颁行。

九月，宋医官院上所铸铜人。

1029A.D. 宋天圣七年　契丹太平九年

二月，宋复置制举十科。

1030A.D. 宋天圣八年　契丹太平十年

六月，宋新修国史成。

八月，契丹兵破东京，擒大延琳。

辽建中京大明塔。宋赐张道陵后人为"虚靖先生"，令世袭。

1022A.D.

法兰西处马尼教派之"异端"十三人以活焚之刑，是为使用酷刑处治所谓异端之始。

1023A.D.

约在此时有一部分意大利之阿马尔非商人在耶路撒冷购置地基，修筑一病院，专为巡礼圣地之基督教徒治病。至十字军兴前后，与病院有关之人员，逐渐成立半军事性质之团体，以武装保护巡礼者，称为"圣约翰病院武士团"。

1026A.D.

神圣罗马帝国康拉德二世赴意大利，在米兰加冕为意大利王。同年其子亨利三世亦加冕为日耳曼王。

1028A.D.

拜占庭帝国君士坦丁卒，其女索伊及索伊之夫罗马勒斯共主国政。

1030A.D.

中亚细亚伽色尼王马哈德死，年六十二。马哈德在位时，前后攻掠印度凡二十五次，伽色尼在此时期，遂成为中亚细亚最繁盛之城市。

宋造船业兴旺

宋朝每年都要通过运河从南方运输数百万石粮食和大批布帛等物资到东京附近地区，供应皇室、官吏和驻军。因此，每年都要修治和新造大批运输用船。据《宋会要缉稿》记载，宋太宗至道三年（997）官方共造船3337艘，宋真宗天禧五年（1021）官方共造船2916艘，故造船业十分兴旺。

宋朝在许多地方设有官办造船场，有些规模颇大，如南宋时期洪州、吉州、赣州三造船场各有工役兵卒200人，每天造成一艘船。

宋朝官船场也造海船，官办船场制造较多的又一类船是战舰，尤以南宋记载最多，南宋时官船场造了许多车船，有脚踏拨水轮多个，船速很快。

宋代河运、海贸兴盛，私人船只往来于江河湖海，常被官府运输雇用，私人造船业也极其发达。并且私人船只也有载重量极大的万石船和载数千石的海船。

北宋徽宗崇宁年间龙舟竞渡的情景。图中的大龙舟如一座华丽的宫殿，极尽豪华。

宋代造船技术在汉唐的基础上有不少的创新，最值得注意的是水密舱技术得到普遍推广和车船技术得到很大发展。

水密舱技术发明于唐，而兴盛于宋。宋代水密舱实物今在许多地方可以看到。1960年扬州施桥镇出土宋代大木船和独木舟各一艘，前者残长18.4m，船艄部分已经破坏，以残存情况看，约可分为5个大舱和若干小舱。隔舱板与船舷是榫按的，缝隙用油灰填塞。1982年泉州发掘的南宋古船已清理部分发现四舱，同时还发现有关于水密舱的确切记载。可见水密舱技术在宋代得到普遍推广。

车船技术始于南朝，成熟于唐，而发展于宋。建炎四年（1130）至绍兴五年（1135），杨幺领导的农民起义军建造了不少车船，据《老学庵笔记》记载，官军战船长三十六丈，宽四丈一尺，高七丈二尺五寸。可见当时的车船规模都是较大的。车船速度快，机动灵活，深受宋人重视，淳熙八年（1181），荆湖帅臣造成五车、六车、七车、八车战船，次年建康府又造90只车船，据说其车轮数有多达22和24个，可见车船技术在宋代得到了更大发展。

宋代在造船技术方面有如下方面的新成就：一是制作了尖底船。尖底船吃水深，故其抗御风浪的能力较强。1979年在宁波东门口发掘了一艘尖头、尖底、方尾的海船，是我国今见最早的单龙骨尖底船实物。二是船舵技术有了多方面的发展。如平衡舵就是那时发明的，平衡舵把一部分舵面分布在舵柱的前方，以缩短舵压力中心与舵轴的距离，降低转舵力矩，使操纵起来更为轻便灵活。又如升降舵在那时得到了使用，另还使用了副舵、三副舵及开孔舵。三是那时设置了防摇装置，船上的舭龙骨，就是为了减缓船舶左右摇摆，提高行船平稳性而设置的。四是使用了修船的船坞，熙宁中（1068~1077），于金明池北普大澳修成船坞，这是世界上最早的记录。五是船上设探水铅锤，以测水深，预防搁浅。六是造船工艺过程由设计到施工都较为严密科学，宋人在建造形式新颖或结构较为复杂的船舶时，大凡都先制作模型，后依比例放大、施工的。而西方直到16世纪才出现类似的简单船图。

天禧年末宋农田增加

真宗天禧（1017~1021）末，宋代不但平原地带大都得到开垦，悉为农田，南方诸路的山陵地区也垦山为田，出现了大批梯田。宋代垦田面积因而迅速扩大。据宋朝政府统计，至道二年（996）为 3 亿 1252 万 5125 亩，天禧五年（1021）增加到 5 亿 2475 万 8432 亩。因此，天禧末年，宋朝国田大为增加。天禧五年时，天下户数有 867 万 7677 户，人口 1393 万 0320 人。所收租税，较之太宗至道（995~997）末，谷增 107 万 5000 余石，钱增 270 万 8000 余贯，布增 50 万 6000 余匹，茶增 117 万 8000 余斤，鹅翎、杂翎增 12 万 9000 余茎，箭竿增 47 万万支，黄蜡增 5 万余斤。又计有鞋 81 万 6000 余量，麻皮 39 万 7000 余斤，盐 57 万 7000 余石，纸 12 万 3000 余幅，芦席 36 万余张。减少的有绢减 1 万余匹，纶绸减 92000 余匹，丝线减 55000 余两，绵减 127 万 5000 余两，刍茭减 1100 万 5000 余围，蒿减 100 万余围，炭减 50 万 4000 余秤。较其数字，增加者较减少者为多。

在此后，宋朝国家版籍上所登录的垦田面积均低于天禧五年之数，究其原因，主要是由于品官权势之家隐田漏税的缘故，由此租税也相应减少。根据宋代人口增长情况以及农户生产能力估计，（北）宋时期的垦田可达 7 亿至 7 亿 5000 余亩，超过了汉唐时期的垦田面积。

宋代货币虚实理论和纸币称提理论产生并发展

随着商品货币经济的进一步发展，宋代产生并发展了货币虚实理论和纸币称提理论，从而进一步丰富和发展了中国古代的货币思想，并对后世封建王朝管理货币经济产生很大的影响。货币虚实理论主要包括两方面内容：货币与商品的关系以及流通界内不同种类或性质的货币之间的关系。在货币和商品的关系上，北宋学者们注意到货币的特殊使用价值，如张方平称货币"以无用而成有用"，周行己则予以进一步阐发："钱以无用为用，物以有用为用"，即是说，货币没有普通商品的使用价值，但由于它作为一般的交换手段和交换价值的负荷者，因此具有特殊的使用价值。正是在"用"这个意义上，"实"（商品）与"虚"（货币）才具有等一性。在货币虚实理论方面，他比西汉理财家桑弘羊提出了更为明确的"物为实而钱为虚"的学说。在流通界内不同种类或性质货币之间的关系上，早在唐代安史之乱时，人们运用虚实概念解释市场上流通的不同种类的铜钱，并称足值铜钱为"实钱"，不足值铜钱为"虚钱"。宋代出现纸币后，人们又使用虚实概念说明不同性质的货币，大多以铜钱为"实钱"，纸币为"虚钱"。南宋滥发纸币引起币值大幅下降后，人民争相藏匿铜钱，纸币充斥市场。针对这一现象，学者杨冠卿以货币实体的自然属性作为区分铜钱与纸币的基本标准，最先运用虚实概念解释铜钱与纸币的关系，并提出了钱楮实虚理论，赞成实行可兑换纸币制度，采取"钱楮各半"的输纳方法收回市场上发行过多的纸币，以恢复纸币的原有价值。江西提举袁燮更进一步提出"虚与实相当，可以散，亦可以敛，是谓之权"的虚实相权学说，强调纸币的可兑换性。货币虚实理论对清代学者提出"以实驭虚"和"以实运虚"学说具有启迪作用。

"称提"一词是宋代产生的一个货币术语，有"权衡"之意，即借助纸币的可兑换性保持其名义价值与真实价值相符合，从广义上讲有管理之意。它最初并不限于专门分析纸币，也用于分析市场流通的铁钱不断贬值的现象。北宋末年周行己在提议推广"交子"时，将"称提"概念用于说明纸币流通现象。南宋时期随着纸币的迅速推广，特别是从十三世纪起，最主要的纸币"会子"通货膨胀严重，朝野各界人士对维持纸币制度十分关心，广泛使用了"称提"一词并提出了许多"称提之术"或"称提之策"，这样，"称提"一词便成为一个解释纸币流通的专门术语。"称提之术"或"称提之策"是以纸币"少则重，多则轻"的货币数量论为理论基础，其主要内容是指利用纸币的可兑换性，以金属或实物如钱、银、绢和官诰等作为纸币发行准备金，收兑流通中过多发行的纸币，从而使贬值的纸币恢复原来的价值，维持币值的稳定。如袁燮就提出纸币"贱而后收"的措施，要求政府用一定的现金准备作为收兑纸币的基金，以保持币值的稳定和纸币的流通。元明时期由于实行纸币不兑换制度，"称提"被理解为新旧纸币之间的兑换。

109

北宋出现交子

宋代以前各代几乎都使用金属货币，北宋时随着商品经济的进一步发展和各地区联系的加强，交易额越来越大，需要大量轻便的货币作为支付和流通的手段。四川专用铁钱，但铁钱体重值小，不便携带，于是有些商人就收取铁钱，出现一种类似存款收据的证券，正背都有出票人的印记，有密码花押，票面金额在使用时填写，这就是中国最早的纸币交子，可以兑换，也可以流通。中国由此成为纸币流通最早的国家。交子原由商人分散发行，太宗初年成都十六家富商联合建立交子铺发行交子。商办交子用一色的纸张印制，铜版印刷，票面印有屋木人物图案，有铺户的印记和密押作为防伪手段。各地设立分铺，便于交子在附近地区使用和兑

北宋交子

换，兑换时每次收工墨费 20 文。后来由于富商不善经营，不能兑现，失信于民，引起政府干涉并收归官办。公元 1023 年，北宋政府在益州设立交子务，在次年二月开始发行官交子，将交子控制在政府手里，从而使纸币制度更加

完善。交子有一定的发行限额，每界为1256340贯；有一定的流通期限，每三年（实满二年）为一界，界满后持旧交子换新交子；有一定的发行准备金即本钱，每界应备本钱36万贯，规定可以随时兑现，属于信用货币性质。交子票面金额开始时是临时填写，后改为印固定金额；它的版面图案精美，三色铜版套印，印刷技艺精致，在世界印刷史和版画史上都具有重要的地位。北宋政府把发行交子视为弥补财政开支和掠夺财富的工具，曾将交子推行于陕西等地。1105年，交子改称为钱引，除闽、浙、湖、广外，在国内其他各路发行。

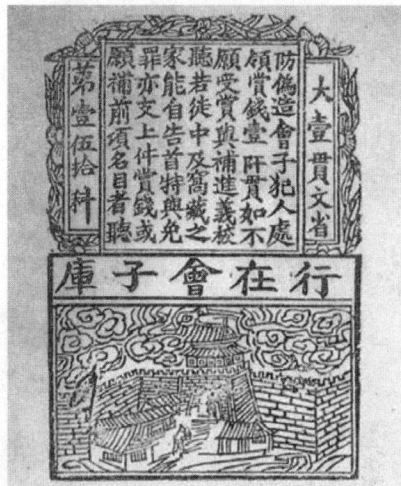

南宋会子

宋特殊货币区形成

宋朝市场上，流通大量的金属货币，有铜钱、铁钱和金、银。这样，在统一的宋王朝内部，划分出不同的货币区，形成了一个又一个特殊货币区。

北宋前期，为了掠夺川蜀地区的财富，宋王朝在四川地区禁用铜钱，专用铁钱。铁钱十枚才抵得上一枚铜钱。为了解决铁钱携带不便的困难，宋真宗时，成都的16家富商联合发行交子，这是世界上最早的纸币。宋仁宗时，交子的发行权收归官府。于

北宋小工商业者的砖雕，将担子的重压与挑夫用力的情形表现得十分逼真。

111

埽工是宋代兴起的著名的水利建筑措施。图为今日黄河大堤将埽工护堤改为水泥和石砌的护堤险工。

是，四川地区就成为一个特殊的货币区。

北宋仁宗时，宋朝与西夏发生战争。大规模的战争之后，双方达成和议。议和以后，双方在交界地区进行贸易。为了解决战争中部队的供给问题以及便利贸易，宋朝在西北部边境的陕西、河东西路发行铁钱。此后，陕西和河东就成为宋朝的又一个特殊货币区——铜钱铁钱兼行地区。

南宋时期纸币发行量很大。四川地区继续使用铁钱和钞引（宋代的钞引是便利钱币汇兑的产物，也可用于钱制或物物兑汇）。后来南宋王朝又在四川发行会子。这样四川仍然是一个特殊货币区。

南宋时期，金军几次南下，追击南宋统治者。经过大规模战争，宋金达成和议。为了防止铜钱流入金朝境内，宋朝又在长江北岸与金国相邻的湖州地区大量发行纸币。

宋代在统一的国家内划分不同的货币区，分别推行不同的货币制度，在中国古代史上是很有特色的。

寇准去世

天圣元年（1023），寇准去世。

寇准（961~1023），宋代政治家，字平仲，宋华州下邽（今陕西渭南下邽镇）人。太平兴国五年（980），进士及第，授大理评事、知巴东县，徙知成安县，改通判郓州（今山东东平），因受到宋太宗赵光义赏识，留京任职。宋真宗赵恒即位，徙知河阳、同州、凤翔府。咸平二年（999），权知开封府；次年，权三司使；景德元年（1004）八月，出任同中书门下平章事（宰相）。闰九月，辽军大举南下，朝野为之震骇。寇准主张坚决抗击，王钦若、陈尧叟等大臣却力主迁都江南以避敌锋芒，最后寇准力排众议，促成真宗亲临澶州前线，此举极大振奋了宋军士气，促使辽圣宗与承天太后决意议和，订立"澶渊之盟"。王安石"澶州"诗云："欢盟从此至今日，丞相莱公功第一"。景德二年（1005）二月，为王钦若所谮，寇准被罢相，出知陕州。此后十余年间虽又两次入相，但均未久任。天禧二年（1018），因真宗病重，寇准密奏请太子监国，事泄，被罢为太子太傅，封莱国公。丁谓等乘机诬陷，寇准被一再贬逐，直至雷州司户参事。天圣元年（1023）闰九月，病逝贬所雷州（今广东海康）。终年63岁。宋仁宗朝追谥忠愍，留有《寇忠愍公诗集》。

张君平上书论治河

天圣二年（1024）三月，同提点开封府县镇公事张君平上书朝廷，认为南京（今河南商丘）、陈（今河南淮阳）、许（今河南许昌）、徐（今江苏徐州）、宿（今安徽宿县）、亳（今安徽亳县）、曹（今山东荷泽）、蔡（今河南汝南）、颍（今安徽阜阳）等州存在大量古代遗留下来的水利工程与开封府相通，但由于年代久远，又不曾治理，因而京城曾几度遭受水患，张君平提出疏浚这些水利工程，被宋仁宗采纳，张君平还进一步阐述了治理这些沟渠的 8 条注意事项和要求，其中包括根据各项水利工程原有的地形特点，命令各州长官计算出总的工作量，政府专门设置档案加以记载；如果工作量不符合实际情况或由于水流堵塞而损坏民田的地区，地方长官要受到惩罚，并负责赔偿损失；同时制定律例，防止各地方长官以修治河道为名勒索钱财；把知州、通判、县令等地方长官能否劝诱所在地区老百姓出资修河，作为政绩加以考核评比，劝诱多者予以重赏；禁止老百姓修筑堤坝堵水捕鱼，等等。张君平是宋代的水利专家，曾先后二次参加堵塞滑州（今河南滑县）黄河决口的工程。

晋祠重建

晋祠，位于山西省太原市，它原本是为纪念唐代叔虞而建的祠堂，北宋太平兴国四年（979）经大修后更名为晋祠，天圣年间（1023~1032）又屡加修葺，将原来祀唐叔虞为主的兴安王庙变为祀叔虞母亲的圣母庙。

晋祠经过近千年岁月侵蚀，如今原制只剩下圣母殿、塑像、飞梁、献殿等，其余建筑物为明清重建。晋祠的主要部分，自西向东分布为石桥、铁狮子、金人台、献殿、飞梁、圣母殿等。

圣母殿建于北宋天圣年间，是现存北宋重要建筑之

晋祠内的大型铸铁狮子

晋祠侍女像

115

太原晋祠圣母殿

一。殿高 19 米，面宽七间，进深六间，重檐歇山顶，黄绿琉璃瓦剪边，雕花脊，殿前八根廊柱上各雕盘龙一条，是宋代《营造法式》中所讲"副阶周迎"制的范例，也是我国古代建筑中最早采用围廊的一例。殿内采用减柱作法，空间开敞。此殿在建筑结构和式样上，既继隋唐，又启元明，是研究中国建筑的珍贵资料。殿内现存宋代彩塑 43 尊，是我国宋塑中的精品。

圣母殿前，依隋唐旧制建鱼沼、飞梁。鱼沼为 17.9 米 × 14.8 米见方的水池，四周泊岸墙用整齐青石叠砌。池中有抹角方柱 34 根，纵横排列为十字形。上面斜架梁，铺十字形桥面，称之为飞梁，桥下立于水中的石柱、斗拱和梁木为宋时遗物。

金代 1168 年，献殿建成。面宽三间，进深二间，单檐歇山顶，琉璃雕花脊，梁架处理很有特色，只在四缘木伏上放一层平梁，简单省料又轻巧坚固、明间前后设门，其余都装透空的栅栏，是四面开敞的小殿。

晋祠建成后成为晋中的旅游佳处，庙会极多，北朝以来就已成为著名祠庙和风景区。祠内尚有唐太宗手书刻石的《晋祠铭》碑，为传世重要雕刻。

宋仁宗诏校医书

宋仁宗曾对执政大臣说：如果世上没有良医，夭折的人就会大量增加。宰相张知白回答说：古代医书虽然有不少遗留下来，但错误百出，而且学医的人也未必能见到全部的医书，因而无法校对医书中的错误。为此，天圣五年（1027）四月，宋仁宗命医官校定《黄帝内经》、《素问》及《难经》、《病源》等医书，由馆阁官员负责校定。其后又命令国子监刊印这些医学书籍，向全国各地颁布，宋仁宗还专门要翰林学士宋绶撰写了《病源序》一文。

辽圣宗诏刻房山石经

房山石经位于辽代州大防山的云居寺，此地是隋唐以来北方地区的佛教圣地，自隋代僧人静琬首先在此刻藏佛经以来，积累了大量石板经文。辽代契丹贵族颇崇尚佛教。辽圣宗时期，更在巴林（今内蒙古巴林左旗林东镇南）、东京（今辽宁辽阳市）、南京（今北京市）等地的寺院里大兴佛事，编校、刊印佛教典籍。太平七年（1027）辽圣宗应知涿韩绍芳之请，赐钱命僧人可玄继续刊刻经版。主要补刻了"大般若经"。辽兴宗、辽道宗两朝继续以契丹藏经为底本刻造，至清宁三年（1057），共完成"大般若经"、"大宝积经"等经石600块。以后通理大师弟子普锐等，依靠民间资

云居寺辽刻《贤劫经》拓片

助，又继续校勘刻造石经。

这些石经为后世研究佛教经典保存了极其珍贵的文字资料。

范仲淹等筑海堰

泰州（今江苏泰州）捍海堰久废不修，海涛每年都要损坏大量民田。天圣五年（1027）八月，兴化县（今江苏兴化）知县范仲淹建议发运使张纶修复泰州捍海堰。朝廷根据张纶的建议，任用范仲淹负责修筑海堰，但不久范仲淹因母丧而离任。恰在此时，张纶权知泰州，于是他派人大修堤堰，从小海寨（今江苏东台境内）至耿庄，全长180余里。张纶还在运河上设置闸门，控制海水，同时利用海水疏通漕运。范仲淹也很关心捍海堰的修筑，经常写信询问工程进展情况，捍海堰筑成后，二千余户流亡百姓又重新返回了家园。

范仲淹像

王惟一造针灸铜人

天圣五年（1027），宋代著名针灸学家王惟一奉诏设计并主持铸造成中国最早的针灸铜人。王惟一（约987~1067），又名王惟德，曾任太医局翰林医官、朝散大夫、殿中省尚药奉御等职。所造针灸铜人又称"天圣铜人"，王惟一还编撰了针灸著作《铜人腧穴针灸图经》一书。

"针灸铜人"是用精铜铸造而成的针灸模型，工艺精巧，体型与正常成年男子相同，外壳由前后两件构成，内置脏腑，表面刻有人体手三阳、足三阳、手三阴、足三阴和任脉、督脉等14条经脉和657个腧穴。穴孔与身体内部相通。可供教学和考试用。考核时，用蜡涂在铜人外表，体腔内注入水或水银。当被考核者取穴进针时，如选择部位准确，刺中穴位，水银或水便流出来。这种精密直观的教学模型是实物形象教学法的重大发明，对针灸学的发展有着深远的影响。

针灸铜人共有两具，铸好后一具在汴梁（今河南开封）翰林医官院，另一具则存放于大相国寺仁济殿。

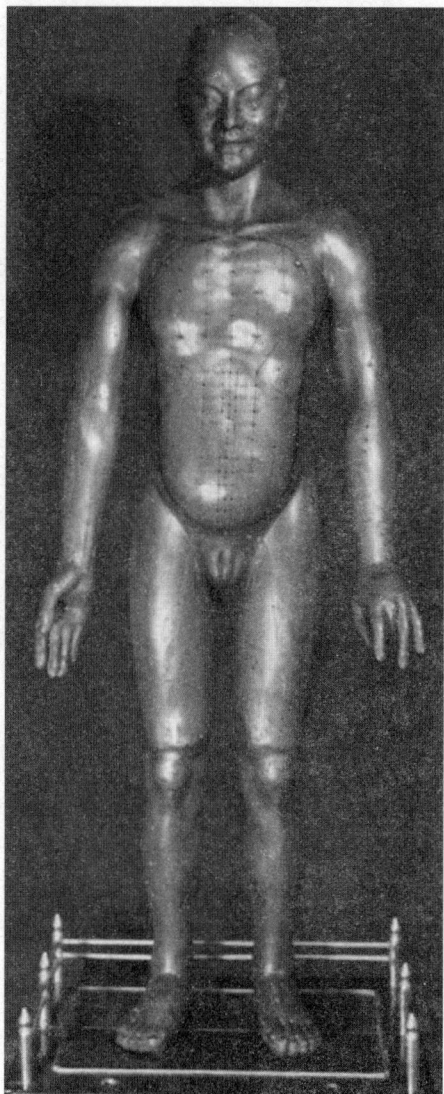

针灸铜人

针灸图经刻石

南宋时，其中一具铜人不明去向。至明代正统八年（1443），鉴于另一具铜人的经络、腧穴已模糊不清，难以辨认，明英宗朱祁遂命能工巧匠进行复制。此后，宋代针灸铜人这一珍贵的医学文物便失于记载，下落不明。

《铜人针灸图经》颁布

宋仁宗因为当时的针灸之法传述不同，腧穴稍差一点就会致命，因此在天圣五年（1027）十月，任命医官王惟一考察气穴经络的交汇点，然后铸成铜人两具。铜人是由精铜铸成，五脏六腑俱备，外表用错金书写穴名于穴位旁，凡背、面二器相合，则浑然全身。外涂黄蜡，内填以汞，让医工以分寸按穴试针，扎中穴位则针入而汞出，稍有偏差，则针不可入。其后医官院将两个铜人送交朝廷，仁宗下诏将其一放在医官院，另一座放在相国寺以供医生参观。

此外，王惟一还根据历代针灸书籍以及自己的经验，纠正了其中的错误，写成《铜人针灸图经》3卷，宋仁宗又令翰林学士夏竦为《铜人针灸图经》一书作序，刊印后颁布全国。《铜人针灸图经》的印行及铜人的铸造，对统一穴位、促进针灸技术的发展，起了很大的作用。

天台埭治河工程完成

天圣元年（1023）四月，宋仁宗任命祠部郎中孙冲为都大巡河，张君平为签书滑州（今河南滑县）事，负责堵塞滑州决堤的黄河河道。其后宋仁宗派参政知事鲁道宗监督这一工程的进展情况，张君平又推荐太常博士李谓为修河都监，管理堵塞河道事务。鲁道宗采纳了李谓的建议，准备夏天动工，但孙冲认为夏天堵塞河道只能是浪费人力、物力，即使堵住了，必然还会决口。鲁道宗却一意孤行，这次堵塞黄河决口工程告败。天圣五年（1027）七月，宋仁宗又任命彭睿为修河都部署，宦官岑保正为钤辖，宦官阎文应、水利专家张君平为修河都监，率领三万八千余名丁夫、二万一千余名士兵，堵塞滑州黄河决口。同年九月，修筑滑州黄河决口的工程顺利完成，宋仁宗将堵塞滑州黄河决口的堤坝命名为天台埽（今河南滑县西），负责这次工程的官员均得到不同程度的升迁。

知礼圆寂

天圣六年（1028），佛门天台宗第十七祖知礼圆寂。

知礼，俗姓金，字约言。宋代高僧，天台宗代表人物之一。建隆元年（960）生于四明（今浙江鄞县）。7岁入汴京太平兴国寺。15岁受具足戒。太平兴国四年（979），从义通学天台教观。淳化二年（991），住持四明详符寺。至道元年（995），迁至保恩院。咸平二年（999），专事讲经、修忏。咸平六年（1003），日本和尚寂照、源信向其请教天台教义。大中祥符六年（1013），为弘扬天台宗，创设念佛施戒会，云集僧俗万余人，口念阿弥陀佛，心发菩提愿。天圣六年（1028）圆寂，天台后学尊其为第17祖。其弟子有广智尚贤、神照本如、南屏梵臻等。其重要著作有：《十不二门指要钞》、《别理随缘二十问》等。

宋制举恢复

制举是指封建王朝临时设置的考试科目，始于两汉。宋时制举科目不多，废置无常。早在宋真宗景德二年（1005）曾设置了制举六科，后被废除。天圣七年（1029）闰二月，宋仁宗下令恢复制举六科，其中包括贤良方正、能直言极谏科；博通坟典、明于教化科；才识兼茂、明于体用科；详明吏理、可使从政科；识洞韬略、运筹决胜科；军谋宏远、材任边寄科。这六科是考试京朝官的。另设书判拔萃科以挑选优秀人才，同时还设高蹈邱园科、沉沦草泽科、茂材异等科等，考试贫民出身应举者或被各级官员推荐的人才。考试的办法是先由具体负责的部门主持考试，合格者再由秘阁策试，通过考试后再由皇帝主持考试。这样，制举制度便恢复起来。

西夏元昊立为太子

西夏赵德明有 3 个儿子，长子元昊自幼智勇兼备。一次赵德明派遣使者到宋夏边境用马匹换取宋朝的物品，所换物品使赵德明获利较少，加之赵德明对所换取的物品又极不满意，一怒之下，准备杀掉这名使者，说情者都被拒绝。10 余岁的元昊对父亲说：把西夏战马送去帮助宋朝，本来就是一大失误，而今又要斩杀使者，今后谁还愿意为西夏效力呢？结果德明采纳了元昊意见，释放了使者。赵德明虽然表面上臣服于宋、辽二朝，但在国内仍称帝。其时，宋朝命赵德明以大宋王朝的名义安抚蕃部和甘州（今甘肃张掖）、沙州（今甘肃敦煌）回鹘，而甘州、沙州回鹘和赵德明势不两立，与宋朝关系越来越密切，想借助宋朝力量来对付西夏。天圣六年（1028）六月，赵德明得知回鹘准备联合宋朝抗击党项族入侵情况后，即派元昊攻占了甘州，不久，元昊又带兵攻克了西凉府（今甘肃武威），由于元昊战功显赫，于当月被立为太子。

西夏鎏金铜牛

唐宋时期，狮子的小雕塑甚多，逐渐演变成人们喜闻乐见的艺术形象。图为北宋蹲狮陶塑。

孙奭撰《律音义》

天圣七年（1029），孙奭撰写《律音义》一卷，与律文并行天下。

孙奭（962~1033），字宗左，博州博平（今山东茌平西）人，是宋代著名的经学家，曾经担任国子监直讲。仁宗即位后，召他为翰林侍讲学士、判国子监。孙奭还著有《律令释文》一卷。

宋仁宗天圣四年（1026），孙奭上奏言："诸科唯明法一科，律文及疏未有印本，举人难得真正习读。"认为由于律文及其注疏没有定印本，举子们不能真正研读，影响了明法一科的教学。仁宗闻奏之后，觉得这是一个问题，于是下诏命孙奭等一干人详细校理律文，到天圣七年十二月完成，并"镂版颁行"。孙奭又另外作了《律文音义》（又作《律音义》）一卷，仁宗下诏令崇文院雕版印刷，"与律文并行"。从此，学子们学习律文有了依据。孙奭身为经学大师，来研习律学，并且校理律文，撰写《律音文》一书以为明法教学之用。由此可见，法学的教授当时已经颇受到重视了。

海印国师服法

天圣八年（1030），陈希亮考中进士后，被任命为大理评事、知长沙县（今湖南长沙）。长沙县有一和尚号称海印国师，他与当时垂帘听政的刘太后关系十分密切，经常出入刘太后家，他勾结当朝权贵，仗势欺人，掠夺长沙县老百姓的田产，当地老百姓、地方官都敢怒不敢言。陈希亮担任知县后，立即逮捕了海印国师，将他绳之以法，并按法律程序予以判刑，除掉了长沙县引起公愤的一大祸害。陈希亮为此而声誉大增。

燕肃制造莲花漏

天圣八年（1030），燕肃制造莲花漏。

燕肃，字穆之。山东青州益都人。幼年家贫，聪明好学，中进士后，曾任左谏议大夫、龙图阁直学士、礼部侍郎等职。一生精于机械仪器制造，尤以所制计时器——莲花漏最为著名。

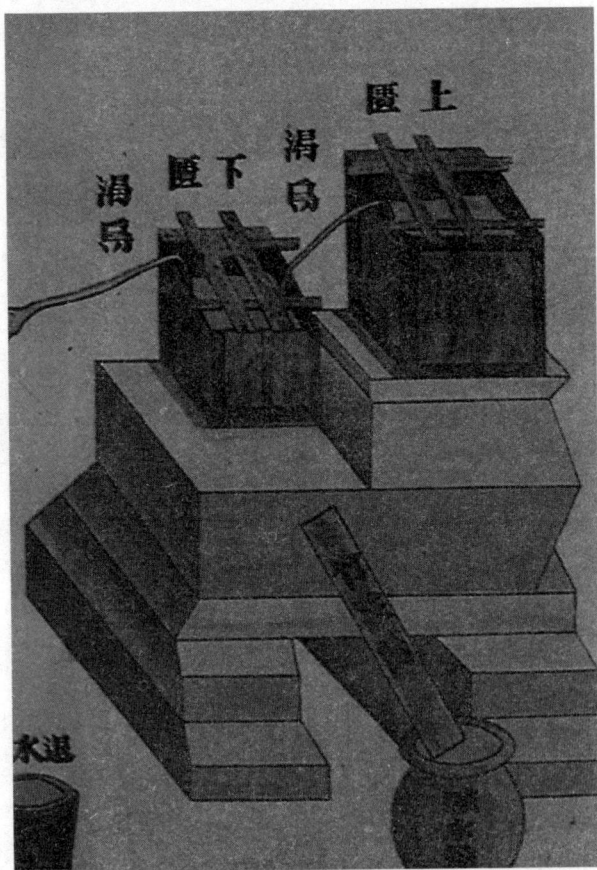

莲花漏绘图

金人的玉佩饰

从宋代杨甲著《六经图》中的"齐国风挈壶氏图"中可看出，燕肃所制的莲花漏主要漏壶、刻有子、丑、寅、卯等时刻的莲花箭、渴乌（虹吸管）、上匮和下匮（平水壶）、竹注筒，和减水盎几部分组成。其具体计时方法是：依造古代漏斗计时的方法，在漏水壶上方置刻有午时的莲花箭。漏水壶下方有一小小的退水孔，水从退水孔中一滴滴流出，浮在漏水壶水面上的莲花箭头通过升降指示不同的时刻。为了确保计时准确，流入漏壶的水必须保持一种恒定的流量，因为流量大或小都会影响箭头的升降速度。燕肃采取一种多级平水壶的方法，也就是在漏壶的偏上方放置几个呈梯级排列的平水壶，平水壶之间由虹吸管相连，直通漏壶。这样，水从更高的地方流入第一个平水壶，而各个平水壶的水面都是恒定的，这样多余的水通过虹吸管从第一个平水壶流入第二个平水壶，为了保证水量的均匀流动，在第二个平水壶下方装有竹注筒，多余的水通过竹注筒流入减水盎。这样水量通过第一个平水壶、第二个平水壶再流入漏壶，其流量是相当恒定的。因此，漏壶所计算出的时间也相当精确。

燕肃所制造的莲花漏，因其制造简便，计时准确，在当时就曾风行各地。作为中国古代计时器，它充分体现我国古代高超的计时器制造技术。

契嵩援儒入佛

宋代是一个政治、经济、军事高度集中统一的封建王朝，文化上也逐渐从多元开放走向集中统一。从宗教思想看，打通儒释，援儒入佛成为一个潮流，佛教在思想深层次上与儒学融为一体。契嵩便是当时最著名的兼通儒释的高僧。

契嵩字仲灵，俗姓李，藤州镡津人。自幼出家，博学多识，著书百余卷、六十余万言，有《辅教编》、《传法正宗论》、《传法定祖图》等，其书上达仁宗，得到嘉奖，并赐"明教"师号，但他谢绝朝廷挽留，退归杭州灵隐寺，终老于此。

契嵩在佛教史上有三件事影响较大，一是著《正宗记》和《定祖图》，考订禅宗世祖传承系谱，把神话和历史衔接起来，成为禅门定论。二是对《坛经》进行较大幅度改编，写成《六祖大师法宝坛经曹溪原木》，对这个改编，当时评价很高，现代人评价很低。第三件是撰写《辅教编》，倡三教融合，特别从理论上论证了儒、释的一致性。

契嵩调合儒释的理论是高层次的，并非单纯从字面上找二者的一致处，而是先从心性论入手，找到儒释的理论结合点。他坚持禅宗"心生万法"的宗旨，认为心是宇宙本原，这是佛教和一切世俗道德体系的终极依据，因而三教、百家都是从心出发建立理论的,各家圣人之说不过是从不同角度定位"本心"，异迹而同心，殊途而同归。在这个理论上，契嵩全面调合佛教戒律和儒家纲常，他认为佛教五戒是出世的名教，儒家五常是入世的戒律，此岸彼岸本是相通的。契嵩还特别强调孝道，孝道是儒家伦理的核心观点，最集中反映了中国宗法社会的特征。在以往的儒释冲突中，孝道往往是争论的焦点，契嵩承认孝在戒先，实质上是承认了儒家在中国社会的主导地位，佛教主动向儒学靠拢。但他又用佛教思想改造了孝道，认为出家守戒是行孝的最佳手段。他举出元德秀刺血写经，画佛像为母超度亡灵的例子，证明佛教有神化孝道的作用。以他的理论为基础，他直接向宋仁宗呼吁："愿垂天下，使儒者儒之，佛教佛之，各以其法赞陛下之化治。"儒释两教最终在巩固封建统治的立场上联合起来。

宋代思想界从未终止过理论上的排佛之议，契嵩时代，范仲淹、韩琦、欧阳修等重臣都有不同程度的排佛倾向，契嵩理论一出，他们的排佛立场都有所软化，并与契嵩交游切蹉，过从甚密。

宋矿冶业迅速发展

宋代的矿冶业较前代有突飞猛进的发展。所设银铜铁锡的管理监冶场务比唐代多，而且各项矿冶产品比前代都大幅度地增长。

煤炭的大规模开采和用于冶炼始于宋代，宋代西北、河北、山东（太行山以东）、陕西、河东（相当今山西）以及徐州等地都出产煤炭，而且煤炭的开采已由地面开采发展到掘井开采，当时煤炭已应用于冶炼和人民日常生活之中。宋代大规模地开采和广泛利用煤炭，在当时世界上也是处于明显领先地位的。

铁矿的开采及铜铁冶炼业也有显著发展。宋初有产铁州郡 27 个，到宋神宗时增加到 36 个，产量也相应增加。北宋时期重要的铁矿业都在北方，其中最著名的是兖州莱芜监（今山东莱芜）和徐州利国监（今江苏铜山东北）。另外，河北的刑州（今河北邢台）、磁州（今河北磁县）也是北宋重要铁产区，其年产量均曾超过 100 万斤。冶炼业的发展，使铁农具、兵器、日用铁器等制造业也得到相应发展。煤炭的大量开采，大大提高了冶铁产品的质量。一些经济不发达的地区如河东、广西一些地方，能够制造精良铁器，这也反映了铁的冶炼业发展的普遍性。

金银和铜铅锡以及其他矿产的开发也令人注目。宋代铜钱铸造量很大，相应地，作为铜钱铸造原料的铜铅锡的开采和冶炼都超过前代很多。宋代产金州郡有 20 余处，其中登州、莱州（今山东半岛东部）是北宋时期最重要的金矿区，其年产量都曾超过 4000 两。银是宋代的重要铺币，宋初产银州郡有 23 个，到宋神宗时增为 66 个，银产量随之增加。宋代最著名的银产地是湖南的桂阳监（今湖南桂阳）。福建路也是银矿较多的地区，建州（今福建建瓯）、

129

南剑州（今福建南平）、福州等都产银。宋代重要矿产品中还有水银和朱砂，宋真宗末年，岁课水银 2000 余斤，朱砂 5000 余斤。

两宋是我国古代冶金技术发展较快的阶段。金属冶炼和合金技术、铸造技术以及金属加工技术都有极大发展。两宋冶金技术最显著的进步是：冶铁炉上使用了活门式风扇，与以前一直使用的鼓风器"橐"相较，是一较大的进步；生铁炼炉的构筑技术有了提高，宋代炼炉大多采用倚山而建的方法，人们可利用上方平台上料，利用下方平台送风、放渣、出铁，炼炉体积不太大，炉腔多呈梨形；灌钢、百炼钢有了发展，这两项技术大约都产生于东汉时期，但具体操作的记载均见于宋代，沈括《梦溪笔谈》对两者均有叙述，可见宋人对这两项工艺已有了较深的认识；胆铜进行了大规模生产，有烹炼法、浸泡法、淋铜法等三种不同操作。另外，在宋代，以炉甘配制黄铜的技术已有明确记载；失蜡法铸造、砂型铸造、金型铸造又有新的进步；铜铁冷锻技术、花纹钢技术、高锡青铜热加工技术也有提高，发明了加轴剪，铜铁拉拔工艺也很可能已被发明；锻件在生产工具中进一步取代了铸件的地位。

宋朝对矿冶的管理形式较为多样，或者设监、场，委派官吏经营生产或收买矿产品，或者委托服职役者主持采炼，或者实行承包给私人。

宋纺织业兴盛

宋朝官营纺织业和民间丝纺业生产规模都比前代大大扩大，工业水平提高，发展到一个新的高度。宋灭后蜀之后，建立绫锦院，与之相配合，以后又设置裁造院（加工成衣）和染院。其中染院有工匠 613 人。每年耗用染料红花、紫草各约 5~10 万斤，规模空前。宋徽宗时，官方又于东京设文绣院，有刺绣工 300 余人。宋朝皇室又有后苑作坊，内有众多分工很

宋人丝纶中的丝纶过程

宋《耕织图》中的花楼机

宋《纺车图》中的纺车

细的作坊，制造专供皇家服用的奢侈纺织品。除东京外，成都梓州（今四川三台），西京（今洛阳），真定府（今河北正定），青州（今山东益都），江宁府（今南京），润州（今江苏镇江），大名府（今河北大名），杭州，湖州（今浙江吴兴）等地都设置有官营纺织机构。

宋代民间纺织业也很兴盛，其规模之大，可以从官方财政入出中的绢帛丝棉的数量得到说明：宋真宗末年，财政岁入中绢帛约为1100万匹，丝绵2300万两，财政支出中每年用绢达4100万匹。宋代南、北方丝纺并行不悖，争奇斗艳，民间丝纺业处在中国古代的巅峰阶段。北方的大名府、真定府、青州、济州（今山东巨野），南方的江宁府、润州，杭州等，都是著名丝绸产地。

宋朝丝织业的整个工艺水平超过了前代，各地都有一些工艺独特的高质量产品。例如号称天下第一的宋代"东绢"（产于京东）与"蜀锦"，定州的刻丝，单州成武县（今属山东）的薄缣，越州（今浙江绍兴）罗的新品种万寿藤、七宝火齐珠、双凤绶带等，梓州的八丈阔幅绢，以及明州（今浙江宁波）的奉化絁，抚州的莲花纱、醒骨纱等等。宋代的刻丝在中国古代纺织史上最负盛名，现有不少令人叹为观止的刻丝精品，如北宋紫天鹿、紫鸾鹊、紫阳荷花，以及南宋山茶牡丹、梅鹊等。宋代丝织业工艺水平的提高与大批专业丝织工匠的存在有密切联系。在丝织业最发达的地区除了以丝织为业的机户、柜户外，还出现了"机坊""染肆"等，它们雇用工徒，这反映了宋代丝织业已经开始从家庭副业向专业化手工业发展。

宋代麻纺也得到平稳发展，生产具有相当规模。棉纺从中国西域和广西地区向北方扩展，棉纺工艺达到较高水平。

宋人薄葬

宋代以前，厚葬之风盛行。商周时期，奴隶主不惜将大批奴隶、牲畜和日常用品殉葬。秦汉以后，地主贵族则用陶、瓷制作成精美的俑、楼宇、鸡狗马豚、粮瓶以及木制的食碗、羽觞等物随葬，此外还有许多珍宝、钱币。近年从考古中发现，宋墓中的器物远远少于汉墓和唐墓。少数宋墓中尽管也出土过较多器物，但在规模和数量上远远比不上汉、唐墓。这说明在宋代薄

河南巩县的宋代石棺

葬已逐渐形成一种风气。

宋代时，人们追求现实生活的享受，反对厚葬，主张薄葬。官府明文禁止厚葬，颁行丧葬令，规定棺椁内不得安放金银珠宝，不准用石板作为棺椁和建造墓室。还规定墓田的面积、坟的高度、石兽和明器的数量等，都有品级的限制。当时上至朝廷官员下至普通百姓大多支持薄葬，例如在仁宗时，翰林学士承旨宋祁撰《治戒》篇授其子，声明他身后要三日敛，三月葬，不受流俗阴阳拘忌；棺用杂木制成，不将金铜杂物放入墓中；墓上种5棵柏树，坟高3尺，不得用石翁仲和石兽（《景文集·戒》）。

与薄葬风气相关的是用纸钱和纸质明器来代替铜、铁钱和陶俑、木俑及陶制用具等殉葬品。据《东京梦华录·清明节》记载，汴京和临安府还开设有纸马铺，除专门雕印钟馗、财马等赠送顾客外，还用纸和芦苇扎成楼台亭阁和人物、鸟兽销售，供顾客在丧葬和祭祀仪式上使用。另外，因为火葬具有省钱省地的优点，在宋代也甚为流行。各地僧寺还办有火葬场，当时称"化人亭"，专门为世俗百姓服务。

火葬可上溯至唐代，因为佛教的影响而被迅速推广。到宋太祖和宋高宗时，都曾下诏禁民火葬，但因为贫下之家"送终之具，唯务从简"，所以禁令也没有认真实行。到高宗时，只严禁富豪和官员死后火葬，其它人就随便，

133

从而使火葬更为盛行。

　　在丧葬习俗上，佛、道二教给予了较深影响，火葬即是佛教影响的一例。另外，所谓七日、百日、周年、择日、择世安葬、做道场等说法，以及穿孝服、居丧饮食等方面的规定都受佛道二教影响。

《武经总要》成书

　　《武经总要》是我国现存的最早一部官修兵书，规模空前，它是宋仁宗时仿照以往官修正史的组织形式，专门设立书局，由翰林学士丁度和曾公亮总领一班通晓军事的文人编写的。这部书卷帙浩大，体例完备，内容丰富，非以前任何一部兵书所可比拟，可谓我国历史上第一部军事百科全书；它在许多方面具有创始性，言前人所未言，发前人所未发，对于研究中国军事学术史和兵器史有着重要的参考价值。

　　《武经总要》全书共40卷，分前后两集，前集20卷，其中制度15卷，边防5卷，论述了军队建设和用兵作战的基本理论、制度和常识，内容有选

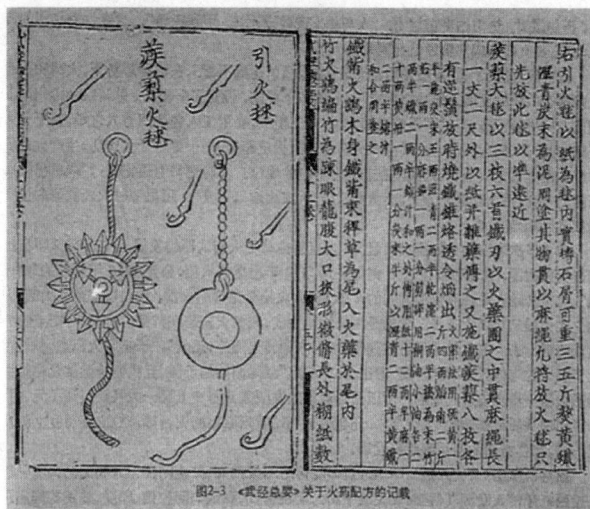

图2-3　《武经总要》关于火药配方的记载

《武经总要》中关于火药配方的记载

将料兵，教育训练，部队编成，行军宿营，古今阵法，通信侦察，军事地形，步骑应用，城邑攻防，水战火攻，武器装备等，并配有大量插图，以及军事地理方面的内容，比如边防各路州的方位四至、地理沿革、山川河流、道口关隘、军事要点等。后集20卷中，后5卷为阴阳占候等内容，另有故事15卷，依照兵法，分类介绍历代战例，比较用兵得失，总结经验教训。《武经总要》一书所开创的兵书编纂体例，对后世影响很大，如明代范景文所撰著的兵书称为《正续武经总要》，赵本学、俞大猷所撰兵书称为《续武经总要》，唐顺之、茅元仪仿效《武经总要》分别著写《武编》、《武备志》。

林逋妻梅子鹤

1028年，北宋诗人林逋去世。

林逋（967~1028），钱塘（今浙江杭州）人。他少时多病，未婚娶。一生不仕，布衣终身。约40岁前长期在江淮一带漫游，此后隐居于杭州西湖孤山。

《墨梅图》，杨无咎画。

相传他20年足不入城市,生活淡泊,唯爱种梅养鹤,自称"以梅为妻,以鹤为子"。养了鹤还拿到山外去放飞,任其自归,以此取乐。虽隐名逃世,却又名声远扬,常有士大夫、文人往谒。朝廷曾赠给他粟帛,并要地方官照顾他。

　　林逋的诗除一些赠答之作外,主要以描写西湖优美的自然景色、表现隐居生活的情趣为主,并具有清冷幽静、闲淡深远的艺术风格。他以真挚的感情描写梅花,写出了梅花清幽香艳的独特风姿;如"疏影横斜水清浅,暗香浮动月黄昏"(《山园小梅》)、"雪后园林才半树,水边篱落忽横枝"(《梅花》)等,都是人们传诵的名句。

宋朝

1031~1040A.D.

1031A.D. 宋天圣九年　契丹太平十一年　兴宗宗真景福元年

六月，契丹圣宗死，太子宗真嗣，是为兴宗。太子母元妃自称太后，摄国政。是岁，契丹以兴平公主妻李德明子元昊，封为夏国公。

1032A.D. 宋天圣十年　明道元年　契丹景福二年　重熙元年

赵德明死，子元昊嗣，宋使袭德明官爵。契丹册元昊为夏国王。

晋祠圣母殿建于是年左右。

1033A.D. 宋明道二年　契丹重熙二年

三月，宋皇太后刘氏死，宋帝始亲政。

1034A.D. 宋景祐元年　契丹重熙三年　赵元昊广运元年

五月，契丹帝以太后阴谋废立，迁之庆州，始亲政。

是年，赵元昊自号嵬名吾祖，建元开运，旋改广运，然尚未公然绝于宋。

1038A.D. 宋宝元元年　契丹重熙七年　夏赵元昊大庆三年　天授礼法延祚元年

赵元昊称皇帝，国号夏，改元天授礼法延祚，遣使告于宋，仍自称臣。

1040A.D. 宋宝元三年　康定元年　契丹重熙九年　夏天授礼法延祚三年

正月，夏主元昊自将陷金明寨，侵延州，大破宋兵而还，宋大将刘平死之。

1031A.D.

〔阿拉伯〕哈里发阿尔·克底尔死，子阿尔·克伊木立（1031~1175）。

1032A.D.

自887年以来创立之伯艮地（儒拉）王国至是终。

1033A.D.

诺曼第公"魔鬼"罗伯特侵英格兰，无功而返。

1034A.D.

拜占庭帝国罗马勒斯卒，索伊立即与其面首结婚，共主国政，称迈克尔四世。

1035A.D.

"魔鬼"罗伯特卒，其私生子威廉继位为诺曼第公。诺曼第在威廉时代成为一极有权力之封建国家。

1037A.D.

土耳其人托格立尔以尼沙泊尔为首都建立王国。

1039A.D.

神圣罗马帝国康拉德二世卒，子亨利三世嗣位。皇帝权力在此时期中（1039~1056年）达到最高峰。

文治盛世

《集韵》编成

宋仁宗宝元二年（1039），即《广韵》颁行后31年，由丁度等人编修的《集韵》完稿。

《集韵》的编排体例与《广韵》完全相同。《集韵》分韵的数目因袭了《广韵》，只是韵目用字，部分韵目的次序和韵目下所注的同用、独用的规定稍有不同。它最大的特点是贯彻了"务从该广"的编修意图，共收53525字，比《广韵》多收27331字。因此，凡故书旧籍中的奇字异音，都尽力搜求。《集韵》书字量之所以大，是因为所收集的异体字多，一个字不管它是俗体、古本，只要有所根据，便予收录。缺点是对字的来源不加说明，使后人难以按图索骥，作进一步学习研究。

《集韵》还依据当时社会的语音实际对《广韵》的反切系统进行了修改。《广韵》的反切是依据早期的韵书，由于语音随时代流变，《广韵》的反切中的反切上字与被切字变得不属同一声类了，即所谓"类隔切"。这种标音不能反映该字当下的读音，《广韵》对"类隔切"作了修改。《集韵》作为官方编修的字书，按照当时的实际语音调整了反切系流，使民众在使用时，有了可靠依据。

范仲淹和欧阳修被贬

权知开封府（今河南开封）范仲淹上书言事，无所畏惧，因而一些阿谀奉承的官僚对他恨之入骨。时宰相吕夷简执掌朝政，朝廷内外官员的升迁俱操其手，一些士大夫因巴结吕而得晋升。针对这一情况，范仲淹上书言官员升迁应由皇帝而不应由宰相掌握，他并向宋仁宗递交了《百官图》，对近年来官吏的升迁进行描述，指出其中的不公平现象。由此触怒了吕夷简。范仲淹的上书虽曾引起仁宗的高度重视，但吕夷简却在仁宗面前竭力诋毁范仲淹，诬蔑他"务名无实"，徒具虚名。为此范仲淹又上书仁宗进行辩论。吕夷简为此怒不可遏，侍御史韩缜迎合吕夷简之意，将范仲淹所上奏章逐一进行断章取义，然后诬告范仲淹越职入对。景祐三年（1036）五月，范仲淹被贬知饶州（今江西鄱阳）。范仲淹被贬后，谏官、御史俱不敢进谏，唯独余靖上书陈范仲淹无辜被贬，冒死进谏。余靖遂被贬为筠州（今江西高安）监税。此后尹洙上书陈范、余之无辜，也被贬为郢州（今湖北钟祥）监税。景祐三年（1036）三月，欧阳修写信给谏官高若讷，认为范仲淹刚直不阿，亘古未有，自己无权为范辩解，而高身为谏官，却不知羞耻，居然在范仲淹被贬后不劝谏皇帝。高若讷将欧阳修的这封信转交给宋仁宗，欧阳修也因此而被贬为夷陵县令（今湖北宜昌）。

宋书院盛行

　　书院本是唐代官方藏书、校书场所的名称。在贞观时也出现了中国首个私人书院，即张九宗书院，兼有个人读书治学和授徒讲学的职能，但并不普遍。

　　从五代后期起，学者多选择名山胜地，构筑书院，作为研究学术和聚徒讲授的场所，后世私立大学之风，由此开创。

　　宋初，书院大兴，白鹿洞、岳麓、睢阳、嵩阳书院是著名的四大书院，加上石鼓、茅山、华林、雷塘书院，合称八大书院。这些书院代表了"宋初书院"的最高水准，并在宋初教育领域占有重要地位。

　　白鹿洞书院位于江西省庐山五老峰下。北宋太平兴国二年（977），知江州周述奏请朝廷赐国子监印本九经，藏于白鹿洞，故名"白鹿国庠"，学徒众多。任教白鹿洞书院的学者多为世之名儒，如宋初的明起、陈舜俞、陈瓘等，其造就的弟子也多出大才。

　　岳麓书院位于湖南长沙岳麓山抱黄洞下，北宋开宝九年（976），知潭州朱洞建讲堂书斋共50余间，初具规模。以后不断扩大，获朝廷赐经赐额，其"山长"周式在大中祥符九年（1016）被任为国子监主簿，兼书院教授，故尔书院兼有半官半私的性质。

　　应天府（睢阳）书院位于河南商丘。北宋大中祥符二年（1009），当地

河南嵩山的嵩阳书院遗址

人曹诚出资在宋初名儒戚同文故居扩建而成书院。此后朝廷委官赐田，逐步纳入官学范围，并一度称名南都府学。

嵩阳书院位于河南登封县太室山麓。后周始建，北宋至道二年（996），朝廷赐"太室书院"额和监本九经。景祐二年（1035）重修，更名为嵩阳书院。

宋代书院多实行教学与行政合一的体制。书院的"洞主"、"山长"都是书院的行政领导，又兼书院的主讲教授。如范仲淹曾为睢阳书院的山长；朱熹先后主持过白鹿洞、岳麓书院的教务；陆九渊创办和主教象山书院等等。

书院的经费大多采用学田供养制，即朝廷或地方政府赐给书院一部分田地，书院将学田租给附近的农民，发收租廪充为养费。南宋时期，书院经费多为自我筹措，同时富商巨贾的捐助也是经费来源之一。

书院定期奉祀先贤先圣，也供祀本学派宗师。供奉孔子以利于培养学生的德行、政绩和学业。供奉本派宗师，有助于彰昭师门，便于一宗一派风格特色的养成。

书院实行自由讨论学术的教学方式，强调自学，注重师生共同研习学问。教学内容主要是科举之学，四书五经是学生的必修课目，同时书院也注重学生道德伦理方面的培养和理学"理、性"方面学问的研究。

书院自宋初兴起后，曾盛极一时，到北宋末，随着朝廷历次大规模兴学，书院一度沦入沉寂达百年之久。进入南宋，书院再度兴盛。

宋代书院，作为相对独立于官学之外的民间学术研究和教育机构，弥补了封建官学的不足，填补了许多学术文化研究领域的空白，丰富了教学经验及办学形式，为中国教育教学的发展起到积极的推动作用。

苏、梅倡导诗文改革

北宋仁宗时期，宋王朝近百年的统治已经为封建文化的繁荣打下了基础，同时，由于各种社会矛盾的加深，促使文人们关心现实，与当时的政治革新密切相关的诗文革新运动，就在这种时代背景下展开。苏舜钦与梅尧臣在矫正西昆体浮华之风与开辟宋诗独特境界方面作出了重要贡献，并写下了许多优秀散文，体现了诗文革新运动的主张。二人在文坛上并称苏梅。

苏舜钦（1008~1048）字子美，梓州铜山（今四川中江）人。27岁中进士后，他曾任县令、大理评事等小官，为人慷慨有大志，"位虽卑，数上疏论朝廷大事，敢道人之所难言"。个人的志向和经历使苏舜钦在诗歌中表现了强烈的现实主义精神。他高度评价古代设官采风之举，认为写诗、作文的目的在于"警时鼓众"、"补世救失"。揭露社会黑暗现实，反映人民与统治者之间的深刻阶级矛盾在苏舜钦的诗中占了很大比重。在《城南感怀呈永叔》中，他描写了百姓在灾荒中"十有七八死，当路横其尸"的悲惨景象，斥责当权者"高位厌梁肉，坐论搀云霓"的麻木与冷酷；在《庆州败》中，对宋王朝统治者陶醉于"承平"，以致在边塞战争中丧师辱国作了愤怒的谴责——"国家防塞今有谁？官为承制乳臭儿，酣觞大嚼乃事业，何尝识令兵之机"。这些诗大胆直露，指陈时弊痛快淋漓，明显具有以诗歌为政论、语言散文化的特点。苏舜钦的另一些诗抒发了慷慨激昂的爱国壮怀，如《吾闻》中写道："予生虽儒家，气欲吞逆羯；斯时不见用，感叹肠胃热。昼卧书册中，梦过玉关北"。诗中气势豪健，感情悲郁，开后世爱国诗词中豪放一派的先声。苏舜钦还有一些写景抒情诗，意境开阔，画面鲜明，如《淮中晚泊犊头》——"春阴垂野草青青，时有幽花一树明。晚泊孤舟古祠下，满川风雨看潮生"，景色幽丽静雅而感情起伏多变，笔触既柔美又雄健，给人以清新爽朗之感。

苏舜钦的散文亦反映现实，言之有物。他在政治上忧国忧民，志在革新，因遭保守派官僚诬陷而被削官，后"居苏州，买水石，作沧浪亭"，并写下了著名的《沧浪亭记》。文章记录了他在大自然美景中对社会黑暗、官场腐败的再认识，文笔清新简练，结构层次清晰，议论精当，情景交融，是脍炙人口的佳作。

梅尧臣（1002~1060），字圣俞，宣州宣城（今安徽宣城）人。他虽然一生穷困不得志，但以诗歌著称，颇得欧阳修推重。官小家贫，使他得以接近下层社会，了解人民的疾苦，写出了许多好诗，正如欧阳修所说："非诗之能穷人，殆穷者而后工也"。梅尧臣的诗歌主张与西昆体的浮艳诗风相对立，他提倡《诗经》、《离骚》的传统，认为诗歌是"因事有所激，因物兴以通"而产生，注重写实，追求"平淡"的风格。他的创作实践与其创作主张是一致的，富于现实性、人民性，许多诗歌反映了当时的社会矛盾，表达了对国事的关心。《汝坟贫女》是他诗作中的名篇，通过一个贫家女子的哭诉，指斥了统治者的残暴无情；《田家语》描写沉重的赋税、徭役给农民带来的痛苦和灾难；《陶者》则直接反映了贫富阶级的尖锐对立——"陶尽门前土，屋上无片瓦。十指不沾泥，鳞鳞居大厦"。梅尧臣的另一些诗则以写景抒情见长，如律诗《鲁山行》描写幽寂、萧瑟的晚秋山景，真切细致。其他一些诗作中亦有许多意新语工的佳句。如《东溪》中的"野凫眠岸有闲意，老树着花无丑枝"；《梦后寄欧阳永叔》中的"五更千里梦，残月一城鸡"，均是以朴素自然的语言，描绘出新颖别致的景物形象，体现出清丽淡远、意境含蓄的艺术风格，与镂金错采、铺陈堆砌的"西昆体"形成鲜明对比。

梅尧臣平淡自然、含蓄委婉的文学主张在他的散文创作中亦可见。《览翠亭记》写得自然而有韵味，叙事、写景、议论、抒情都流露出作者的高情雅趣，体现出一种不因坎坷困顿而意志消沉的从容和自得其乐、旷达自适的恬然心态。

苏、梅二人的诗文风格虽有豪放与淡远、直露与含蓄之别，但他们都是注重在创作中反映社会人生，一扫西昆体无病呻吟之弊，带动了诗风、文风的变革。

宋夏战于三川口

宋康定元年（1040）正月，宋夏战于三川口，宋军惨败。

元昊自从进攻金明寨（今陕西安塞南）得手后，立即派人致书宋朝延州（今陕西延安）知州范雍，表示同意与宋和谈以麻痹范雍。范雍信以为真，即上书朝廷，并松懈了延州的防御工程。康定元年（1040）正月，元昊派大军包围了延州城。在元昊进攻保安军时，范雍虽命令鄜延、环庆路副都部署刘平和鄜延路副都部署石元孙率所部兵马增援保安军（今陕西志丹），刘平、石元孙兵合一处后，元昊军队完成了对延州的包围，范雍又命刘、石火速回军增援延州。刘、石即迅速从保安军向延州进发。当刘、石大军到达三川口（今陕西延安市西北）西十里的地方驻扎时，距离延州城仅三十里之遥。刘平为争取时间，迅速派兵向延州靠拢。但刘平、石元孙部队遭到了西夏军队的包围，刘、石等人拼死苦战，宋夏双方伤亡都十分惨重。恰在此时，鄜延路都监黄

德和率所部兵马溃逃，刘平急派其子刘宜孙到黄军中，对黄晓以利害，劝其顾全大局，拼死一战，但黄德和根本不听，率大军撤离了战场。宋军军心动摇，士兵大量逃跑，刘平下令各位军官用剑拦住一千余名士兵，退守三川口附近山坡。元昊多次派人劝降刘平，但刘平宁死不屈。于是西夏军队向宋军驻守山坡发动攻击，宋军寡不敌众，刘平、石元孙被擒。三川口之战后，延州岌岌可危，范雍束手无策，恰在此时，宋将许怀德遣其副将率兵一千余人偷袭元昊得手，而且天气突然寒冷，下起大雪，西夏军队被迫撤离延州，延州之围始缓解。

宋夏延州三川口之战

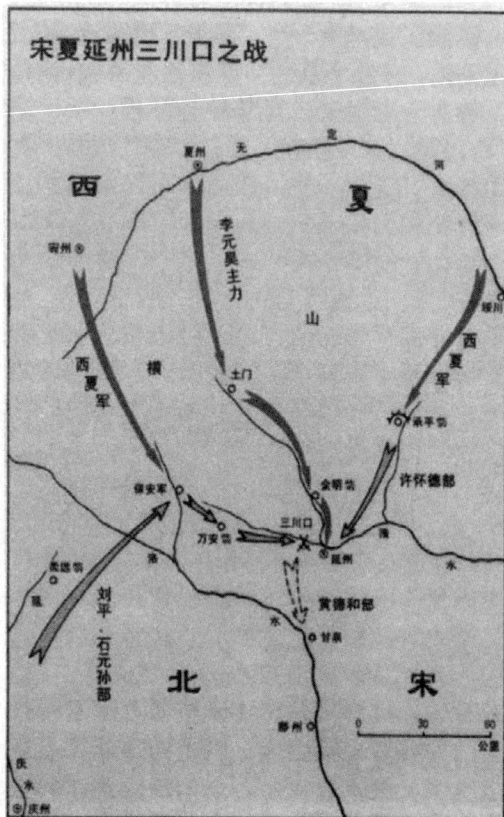

华严寺雕塑开建

华严寺位于山西省大同市内，系辽兴宗、道宗时（1031~1101）所建，是中国辽代佛教彩塑，为辽代雕塑的代表作。辽末因金兵攻陷西京（今大同），该寺遭到严重破坏，金熙宗天眷三年（1140）重修大雄宝殿。自此，华严寺便分成上、下寺两组建筑，今位于下寺的薄迦教藏殿，位于上寺的大雄宝殿，皆为辽金原物。

薄迦教藏殿建于辽重熙七年（1038），为藏经殿。殿内沿壁排列着制作精巧细致的重楼式壁橱38间，在后窗处中断，做成天宫楼阁5间，以圜桥与西边壁橱相连。殿内现存辽代塑像29身，据金大定二年（1162）碑记称系"三世诸佛、十方菩萨、声闻、罗汉、一切圣贤"。佛坛平面呈倒凹字形，中央并列三佛，四角为4个身着铠甲神态威武之护法天王。北端本尊为过去佛燃灯佛，二胁侍二弟子四菩萨；中间为释迦牟尼，胁侍二弟子四菩萨；南端为未来佛弥勒佛，胁侍六菩萨。过去、未来佛座前各有2个供养童子及后世补塑坐佛各一尊。佛、菩萨面形方面，通身敷彩，面部及冠上贴金。圆光为流水形环状纹饰，是辽代常用的装饰纹样。菩萨神情体态各不相同，或盘跏趺坐，或站立，双手或一垂一扬，或合十胸前，颇具女性风度。弥勒佛左外侧菩萨神态尤其优美典雅，堪称辽代雕塑的代表作。

华严寺胁侍菩萨塑像

　　大雄宝殿是华严寺内主要建筑，也是中国现存规模最大的佛殿之一。殿中央有大佛5身，据明成化元年（1465）《重修大华严禅寺感应碑记》所载，

上华严寺大雄宝殿

为明宣德至景泰年间（1426~1456）所造之五方佛：中间为毗卢舍那佛，其他为东方阿閦佛、南方宝生佛、西方阿弥陀佛、北方不空成就佛。佛像面相扁平上宽，肉髻上现宝珠，两旁为胁侍菩萨，大殿南北两侧各立20诸天，雕塑在整体布局上颇为壮观，但神态的刻画远不及辽代塑像。

华严寺经过辽、金、明三代的建设和重修，留传下来，成为中华民族宝贵的文化遗产。

宋改革淮南盐法

宋明道二年（1033）十二月改制以前，淮南地区所产食盐完全由官府专卖。参知政事王随认为由官府垄断食盐买卖弊端极多，尤其在运销过程中，更是如此。如负责押运食盐的吏人、士兵往盐里掺砂土，使食盐质量低劣，无法食用，近年运河干涸，运盐船无法通过，边远地区人民无盐可食，而淮南地区盐却运不出而堆积如山。亭户（产盐户）从官府所获产盐本钱无法维持生计，往往铤而走险私下贩盐。王随建议通商几年再作打算，江淮安抚使范仲淹也赞同此意见。宋仁宗诏命宋绶、张若谷、丁度等大臣与三司使、江淮发运使一道实地考察。通过考察，他们认为食盐通商会引起严重的私贩盐货现象，影响国家财政收入，于是只好恢复宋真宗天禧年间的旧制，商人入钱京师后，可以在淮南、两浙、江南、荆湖等地区购买官盐贩卖，同时还规定商人在通、泰等州军贩卖食盐时，不许出城，其余的地区商人可以深入乡村贩卖食盐。

商州铸大钱

宋夏战争爆发后，宋朝陕西边防地区军费开支骤然增加，安抚司官员韩琦上书朝廷，认为陕西盛产铁矿，完全可以用来铸钱。康定元年（1040）十二月，屯田员外郎皮仲容担任商州（今陕西商县）知州兼提点采铜铸钱事，他建议在商州铸造大铁钱，一大铁钱相当于原来的十个小钱。翰林院及三司等机构官僚讨论后认为可暂行当十钱制度，以缓和军费开支。但翰林学士丁度认为因此必会引起大量私铸钱的现象，坚决反对实施这一方案，于是此方案搁浅。庆历八年（1048）知永兴军（今陕西西安市）范雍建议在关中地区实行大钱、小钱并行的制度，仍然是大钱一当小钱十。陕西转运使张奭也建议实行大小钱兼行的制度，于是朝廷批准在关中地区执行大小钱并行的意见。其后，张奭调任为河东转运使，他又在晋（今山西临汾）、泽（今山西晋城）二州铸大钱，仍以大钱一当小钱十。但没实行多长时间，三司即下令禁止河东地区实行大小钱并行的制度。其后，陕西地区的钱币制度又有了很大程度的改革。但北宋一代，关中地区的钱币制度依然十分紊乱。

宋攀城云梯发展完善

云梯发展到宋代，已达到完善的极境，规模最庞大，结构最复杂，设计最精巧。

云梯是一种古老的攀登城墙的攻城器械，它由梯子发展而来。云梯最初在东周时代出现的时候，形状与一般的梯子还没什么差异；战国时代，云梯首次在底部装上轮子以便移动，顶端则装上钩子以便钩住城缘；到了唐代，云梯有了较大的改进，固定的主梯之外，增设了一具活动的副梯辅助登城，副梯顶端有一对转轮，登城时可沿墙滑上，这一设计简化了架梯程序，减少了敌前架梯的难度和危险，同时还保证云梯不致过早接触城缘而被守军破坏。

宋代的云梯得到更充分的发展完善，根据成书于1040年的《武经总要》的记载，宋时的云梯规模甚大，装有六轮，底部有防护设施，用生牛皮为屏蔽，由人在内推进。云梯在结构上采用以转轴联接的折叠式结构，进一步降低了主梯在接敌前的高度，既增加了云梯车运动的稳定性，又减少了遭守军破坏的可能。副梯即上城梯也出现了多种形式，有简便的竹飞梯，用独竿竹为主干，两旁有脚蹬可上；有飞梯，顶端设两滑轮可枕墙而上；有蹑头飞梯，用转轴起梯，顶端也设双轮，架设迅捷。上城梯的多样化设计使云梯能够适应多种复杂的实战条件。宋代的云梯设计，总体来说，可概括为迅捷、简便、安全性更高。

但大型的云梯毕竟无法抵御火器的进攻，所以到了明代也已被逐渐废弃，倒是较为原始简便的云梯，反而一直沿用至近代。

宋朝

1041~1050A.D.

1041A.D. 宋康定二年　庆历元年　契丹重熙十年　夏天授礼法延祚四年

宋兵攻夏败于好水川。

十二月，宋新修崇文总目成。

1042A.D. 宋庆历二年　契丹重熙十一年　夏天授礼法延祚五年

二月，宋选河北强壮为义勇军，又选将备契丹。

五月，宋建大名府为北京。

1043A.D. 宋庆历三年　契丹重熙十二年　夏天授礼法延祚六年

九月，宋用参知政事范仲淹议，革庶政。

1044A.D. 宋庆历四年　契丹重熙十三年　夏天授礼法延祚七年

九月，契丹帝亲攻夏，大败。十月，宋与夏和议成，夏主称臣，称夏国主。

宋毕升发明活字印刷术约在此数年间。

1047A.D. 宋庆历七年　契丹重熙十六年　夏天授礼法延祚十年

十一月，宋贝州军卒王则据城起事，自称东平郡王。

1048A.D. 宋庆历八年　契丹重熙十七年　夏天授礼法延祚十一年

正月，夏主曩霄为其子甯令格所刺，伤死，遗腹子谅祚嗣。

1049A.D. 宋皇祐元年　契丹重熙十八年　夏毅宗谅祚延嗣宁国元年

六月，契丹帝亲督师攻夏。

1050A.D. 宋皇祐二年　契丹重熙十九年　夏天祐垂圣元年

三月，契丹败夏兵于三角川，随又遣兵入夏大掠。

1042A.D.

君士坦丁堡贵族发动政变，废黜迈克尔五世。索伊之第三夫登位，称君士坦丁九世。

1043A.D.

缅甸传说自古王帝沙于是年在位，初信婆罗门教，后以其贤妻善女之感化乃信佛教。

1046A.D.

神圣罗马帝国宗教会义举行于苏特利。亨利废黜竞争之教皇三人，另立克雷门特二世继位。

哈罗德三世为挪威王，1066 年入侵英格兰，失败后卒。自此挪威又陷于王朝混乱中，达一世纪余之久。

1048A.D.

托格立尔所统率之塞尔柱土耳其人第一次入侵亚美尼亚，被击败于斯特拉格那。

宋官修《崇文总目》

宋开国后，颇注意征集编校书籍，于三馆（昭文馆、史馆、集贤馆）及秘阁中藏有大量书籍。仁宋年间，王尧臣等对此进行校正著录，于神宗庆历元年（1041）编撰成《崇文总目》，进呈皇上。

《崇文总目》因三馆秘阁总称崇文院而得名。它是官修目录，共 66 卷，叙录 1 卷。作者有王尧臣、欧阳修、宋祁等，均为宋代名儒，学养博大精深。

《崇文总目》计著录图书 3445 部，30669 卷，分为 45 类著录。《崇文书目》是国家藏书总目，旨在登记著录现存藏书，故不著录全书。为切合适用，对各子目著录的图书部数，卷数都有详明统计，读者既可按目查书，也可了解各子目收书之多少。该书每类有叙，每书有释。但在叙释体例上比前人更有发展。它综合《别录》、《七志》、《汉志》等长处，综合介绍每书情况，既考学术源流，又提要各书内容，从而创立了提要目录体例，对读者起到"览录而知旨，观目而悉词"的指导作用。

《崇文总目》体例长期成为官私目录著作的定型，史部特设"目录"类，反映了当时目录事业的发展，为读者了解宋代图书概况、查验存佚，提供了重要的参考资料。

宋夏交战

三川口之战后，宋仁宗以夏竦为陕西经略安抚使，韩琦、范仲淹为副使，共同负责对夏事务。庆历元年（1041）、夏天授礼法延祚四年二月，元昊率兵 10 万，自天都正南下攻宋，以主力设伏于好水川口，另一部分兵力则至怀远城（今宁夏西吉东），声言攻渭州（今甘肃平凉），诱宋军深入。韩琦命环庆副都署任福率兵数万，自镇戎军(宁夏固原)抵羊隆城(今宁夏固原西南)，出夏之后，伺机破敌。任福率军至怀远，遇镇戎军西路都巡检常鼎与夏军战于张义堡南，斩首数百。夏军佯败，任福等中计，尾随追击。宋军由于长途追击，粮草不继，人马已乏食3日。追至好水川口，遭夏军主力伏击，宋军大败，任福等皆战死。此役，宋军死者万余人。

庆历二年（1042），夏天授礼法延祚五年九月，元昊与张元等人商议进攻宋朝，张元认为，宋朝的精兵良将都聚集在边境地区，因而宋朝关中地区军事力量相当薄弱，如果西夏派遣大军牵制宋朝边境地区的军队，使他们无暇顾及关中地区，然后即可派一支劲旅乘机直捣关中地区，攻占长安（今陕西西安）。元昊采纳了张元的建议，派遣10万大军分两路向宋朝展开大规模攻击，一路从刘璠堡（今宁夏隆德县境）出击，一路从彭阳城（今宁夏固原东南）出发向渭州（今甘肃平凉）发动进攻。宋将王沿急忙派遣葛怀敏等将领率军增援刘璠堡，宋军在定川寨（今宁夏固原西北）陷入夏军重围，宋军大败，葛怀敏等15名将领战死，宋军近万人几乎全军覆没。但西夏另一路军队遇到了宋朝原州（今甘肃镇原）知州景泰的顽强阻击，西夏士兵死伤千余人，元昊直捣关中的美梦就此破灭。

宋辽议和

辽重熙十一年（1042），辽兴宗与张金委派宣徽使萧特末、翰林学士刘六符带国书出使宋朝，索取关南之地。刘六符等到达宋朝，要求宋朝归还晋阳及瓦桥关以南十县之地给辽朝，并质问宋朝为何兴师伐夏，为什么在宋辽边境增置军事设施等等。同年四月，宋朝派遣富弼、张茂实为四谢契丹国信使、副使，带着宋朝的国书出使辽朝，宋朝的国书委婉地拒绝了辽朝的无理要求，并提出宋方两项条件：要么宋辽通婚，要么增加岁币议和，辽朝在两者中必居其一，

辽印"安州绫锦院记"

其他任何条件都没有谈判的余地。富弼在与辽兴宗、刘六符等人谈判过程中，措辞强硬，表示关南十县之地决不可割，否则宋朝只有兵戎相见，诉诸武力。刘六符等人见宋方使者态度强硬，退而要求宋辽通婚。富弼晓以利害，对刘六符等人说宋朝嫁公主的惯例，只资送十万贯钱作嫁妆。其后，辽朝政府权衡利弊，觉得通婚对辽朝并不实惠。同年七月，富弼再次出使辽朝，双方达成和议，宋朝在澶洲之盟的基础上增加岁币绢十万匹、银十万两。九月，辽兴宗又派遣刘六符等出使宋朝，要求澶渊之盟中所定岁币一律称"纳"字。

宋仁宗采纳了晏殊的建议，允称"纳"字，并声明所增岁币是关南十县之地的赋税收入。至此，宋辽双方达成和议，辽朝也不再提归还关南十县之地的要求了。

宋夏庆历和议成

宋庆历四年（1044），宋、夏最后达成和议。

康定元年（1040）至庆历二年（1042）间，西夏连续对宋发动了3次大规模的战事，宋朝每次都遭到惨败。宋在屡败之余虽表示要整军决战，但实际上仍希望能与西夏言和。西夏虽屡胜，但掳掠所获却抵偿不了战争中的

西夏壁画《西夏王供养像》

消耗，与先前依照和约及通过榷场贸易所得物资相比，实在是得不偿失。此外，由于民间贸易中断，使得西夏百姓"饮无茶，衣昂贵"，怨声载道；加上西夏与辽之间又出现了嫌隙，所以西夏也愿意议和。庆历二年六月，元昊派教练使李文贵前往宋朝议和。至庆历三年正月，宋朝政府才将李文贵遣返西夏，同时宋仁宗还命令庞籍接受西夏的议和建议，并将议和的全权交给庞籍。庞

籍找来西夏使者李文贵，对他晓以大义利害，李文贵将与庞籍的谈话内容如实地转达给了元昊，元昊随即又派李文贵带着野利旺荣的信件前往宋朝谈判议和的条件。宋仁宗接到庞籍的报告后，大喜过望，急忙下令请李文贵、王嵩等与庞籍进行谈判。庆历四年（1044），宋朝与西夏最后达成协议。和约规定：夏取消帝号，名义上向宋称臣；宋夏战争中双方所掳掠的将校、士兵、民户不再归还对方；从此以后，如双方边境之民逃往对方领土，都不能派兵追击，双方互相归还逃人；宋夏战争中西夏所占领的宋朝领土栲栳、镰刀、南安、承平等地以及其他边境蕃汉居住区一律从中间划界，双方在本国领土上可以自由建立城堡；宋朝每年赐给西夏银5万两，绢13万匹，茶2万斤；另外，每年还在各种节日赐给夏银2万2000两，绢2万3000匹，茶1万斤。宋仁宋同意了元昊所提出的要求，于是宋夏正式达成和议。

庆历和议达成后，元昊多次派遣使者到宋朝，请求宋朝开放边境地区的互市。庆历五年，宋朝政府决定在保安军（今陕西志丹）和镇戎军（今宁夏固原）的安平皆设置两处榷场，恢复了双方贸易往来。